Andreas Bednarek

GÖRLITZ · Historie · Heimat · Humor

GÖRLITZ

HISTORIE · HEIMAT · HUMOR

RUTH GERIG VERLAG

Herausgegeben von
Uwe Gerig

Die Deutsche Bibliothek – CIP-Einheitsaufnahme
Görlitz: Historie, Heimat, Humor / [hrsg. von Uwe Gerig.
Andreas Bednarek]. – Königstein / Taunus: Gerig, 1992
Die grüne Reihe
ISBN 3-928275-12-7
NE: Gerig, Uwe [Hrsg.]

© Ruth Gerig Verlag 1992
Forellenweg 25, D-6240 Königstein/Taunus
Telefon (06174) 2 20 31, FAX (06174) 2 50 03

Konzeption, Reihenentwurf und Farbfotos Uwe Gerig.
Zusatzfotos: Archiv der Kunstsammlungen Görlitz, Theurich (1).
Stadtplan: Centrum Carthographie Verlag Varel.
Druckvorlagenherstellung Rolf W. Spitznagel, Frankfurt.

Gesamtherstellung: HAGO Slowenien.

Titelseite: Gaffkopf (1556) über dem Portal des Hauses Untermarkt 8.
Rückseite: Stadtansicht von Görlitz um 1575
ISBN 3-928275-12-7

Obermarkt mit „Mönch" und Rathausturm

Inhalt

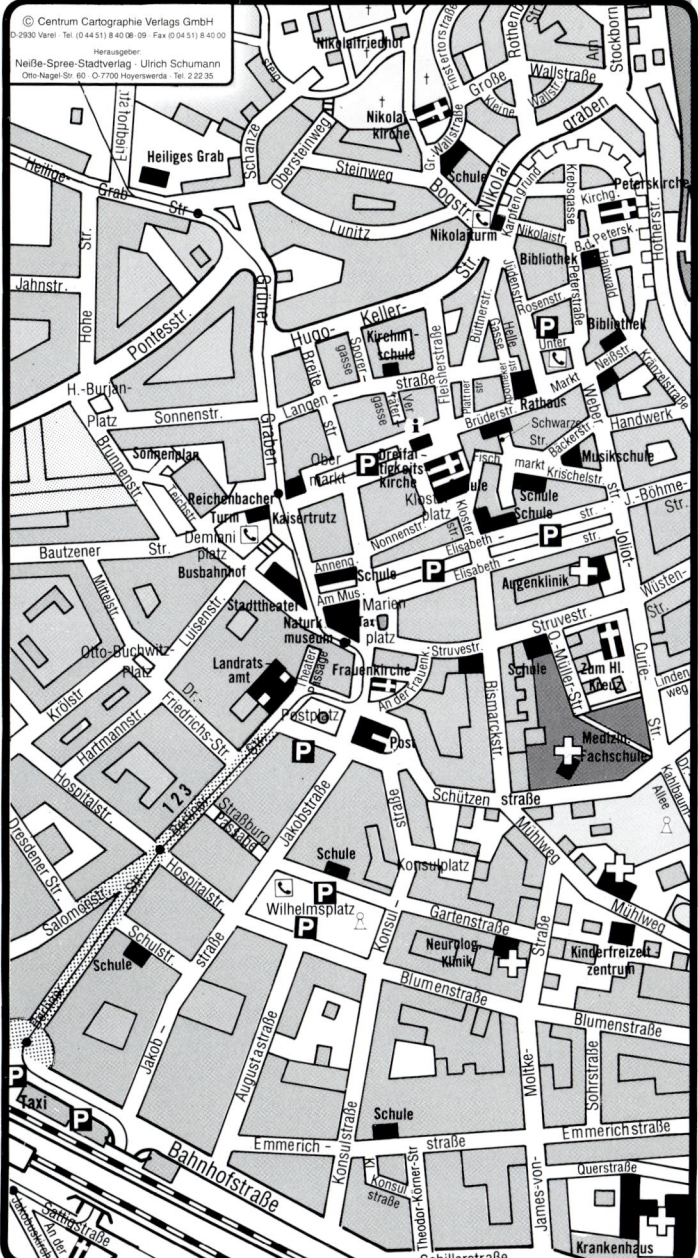

Der Fraen Torn · Der Reichen bacher torn

Vnser lieber frawen kirch · S. Danes kirch · Das Nawe posttor · Minobe Cloiter

S. Jacob kirch

NEISSE FLV.

GORLITIVM, VRBS SVPE-
RIORIS LVSATIAE, AD
VIVVM DELINEATA, ANNO
SALVTIS, CIƆ. IƆ. LXXV.

Ansicht der Stadt Görlitz von Osten. Kupferstich von Franz Hogenberg

ORLITZ.

Der Rates Torn.   Der Nöstern   Der Niolaus   S. Petrus Kirch.   Der Fotes hof   Das Löbers gaß   Der wazzer be

oloriert, 1575 (Ausschnitt)

Unsere Autoren:

Andreas Bednarek (Jahrgang 1957). In Görlitz geboren. Lehre und Abitur in Dresden. Landvermesser. 1978 – 1982 Fernstudium in Cottbus. Ingenieur für Hochbau. Seit 1981 im Görlitzer Museum tätig. 1983 – 1990 Fernstudium der Kunstgeschichte an der Martin-Luther-Universität Halle-Wittenberg bei Prof. Dolgner und Prof. Schulze. Seit 1990 Direktor der Städt. Kunstsammlungen.

Annerose Klammt (Jahrgang 1944). Schulbesuch von 1951 – 1963 (Abitur) in Görlitz. Danach Studium an der Fachschule für Bibliothekare und Buchhändler Leipzig. Seit 1971 Mitarbeiterin der Städtischen Kunstsammlungen Görlitz und Leiterin der Oberlausitzischen Bibliothek der Wissenschaften. Seit 1983 stellvertretende Direktorin. Annerose Klammt schrieb das Kapitel 12.

Stefan Waldau (Jahrgang 1944). 1951 – 1959 Besuch der Grundschule in Görlitz. Lehre als Dekorationsmaler. Studium an der Pädagogischen Hochschule in Dresden. 1968 Fachlehrer für deutsche Sprache, Literatur und Kunsterziehung. Im gleichen Jahr fristlose Entlassung aus politischen Gründen. Transportarbeiter und Dekorationsmaler in Görlitz. 1972 – 1979 wieder als Lehrer tätig. 1980 Kündigung aus politischen Gründen. Programmierer in einem Rechenzentrum, dann Abteilungsleiter in der Stadtbibliothek Görlitz. 1983 – 1985 postgraduales Studium der Bibliothekswissenschaft. 1989 Mitinitiator des Neuen Forums in Görlitz. Seit 1990 Direktor der Stadtbibliothek. Von S. Waldau stammen die Kapitel 21 bis 23.

Brauner Hirsch, Untermarkt

11

1 Altehrwürdige Stadt im Oberlausitzer Land

Eine abwechslungsreiche Landschaft mit alten, fast tausendjährigen Städten und reizvollen Dörfern öffnet sich dem Reisenden, der von der sächsischen Landeshauptstadt Dresden nach Osten aufbricht. In der Nähe der Kleinstadt Bischofswerda erreicht er die Oberlausitz, deren Gebiet sich über ganz Ostsachsen und einen kleinen Teil Westpolens erstreckt. Dieses liebliche Berg- und Hügelland ist, bis auf wenige Ausnahmen, für den Tourismus bisher nur wenig erschlossen. Zu Unrecht, wie man feststellen wird. Die Oberlausitz hält gerade für Erholung, aber auch für Entdeckungen in Natur und Geschichte vieles bereit.

Bautzen, dessen hoch über der Spree angelegtes Ensemble aus Petridom, Michaeliskirche, alter Wasserkunst und Ortenburg zu den malerischsten Städtebildern Deutschlands gehört, gilt als die Hauptstadt dieser Landschaft. Städte wie Löbau, Zittau und Kamenz haben ihren eigenen Reiz und sind lohnende Ausflugsziele.

Die größte und in der Vergangenheit auch die wirtschaftlich mächtigste Stadt der Oberlausitz ist hingegen Görlitz. Auf einer Fläche von 25 km^2 breitet sich die Stadt, eingebettet von den letzten Ausläufern des Oberlausitzer Hügellandes, aus. Bereits aus großer Ferne ist die Landeskrone, eine 420 Meter hohe Basaltkuppe, als Wahrzeichen der Stadt sichtbar.

Reiseführer und touristische Handbücher preisen Görlitz als ein architektonisches Kleinod. Von ihrer wechselvollen Geschichte erzählen prächtig ausgestattete Bauten der Spätgotik, der Renaissance und des Barock. Ihre

Altstadt, in ihrer ursprünglichen Anlage weitgehend unberührt, ist ein Bilderbuch der Baugeschichte. Damit nicht genug. Wie nur noch selten, wird das heutige Stadtzentrum von einer nahezu geschlossenen Bebauung des vergangenen Jahrhunderts geprägt. Charaktervolle, in großstädtischer Manier zugeschnittene Wohn- und Geschäftsbauten und ausgedehnte Parkanlagen haben ihr vor hundert Jahren den Ruf der anmutigsten Provinzstadt Deutschlands eingebracht.

Die Vernachlässigung und die mangelnde Pflege der eigenen Lebenssphäre ließen in den vergangenen vier Jahrzehnten die Schönheit von Görlitz verblassen. Nicht nur die geographische und politische Randlage, sondern auch das Schicksal ihrer Teilung hatten unübersehbare Folgen. Die Neiße, aus dem nahen Isergebirge kommend, durchfließt die Stadt und ist seit dem Ende des Zweiten Weltkrieges Grenze zur Republik Polen. Am anderen Ufer liegt das polnische Zgorzelec, die ursprüngliche Görlitzer Oststadt. Sie entstand nach 1900, umfaßte etwa ein Fünftel der Gesamtstadtfläche und zeichnete sich durch die zum Teil großzügig angelegten Wohnstraßen aus.

Heute zählt Görlitz 71 000 Einwohner und ist das wirtschaftliche und kulturelle Zentrum der Ostoberlausitz. Seit dem letzten Drittel des vorigen Jahrhunderts ließen sich hier vor allem mittelständische Unternehmen nieder und beeinflußten städtisches Wachstum auf ihre Weise. Erzeugnisse wie Reisezugwagen, Turbinen, Ziegeleimaschinen, Landskron-Bier oder Meyer-Objektive hatten im In- und Ausland einen ausgezeichneten Ruf. Im Stadtbild tritt die Industrie kaum in Erscheinung. Vielmehr wird die überaus reiche kulturelle Infrastruktur deutlich. Museen, Theater, Stadthalle und Tierpark prägen Görlitz.

Die Umgebung von Görlitz eröffnet vielseitige Möglichkeiten für Erholung und Entspannung. Am Ausgang des Neißetals bei Ostritz lädt die malerische Anlage des Zisterziensernonnenklosters Marienthal ebenso ein wie die nordwestlich von Görlitz gelegene Königshainer Bergwelt, ein Stück schönster Natur. Aber auch ein Ausflug nach Polen lohnt. Beliebte Ziele sind die Burgruine Greiffenstein oder die Burg Tzschocha an der Marklissa-Talsperre. Städte und Dörfer verraten die enge kulturgeschichtliche Verwandtschaft zu Görlitz. Das nahe Riesengebirge hat bereits in der Mitte des vergangenen Jahrhunderts auf Menschen aus nah und fern einen großen Reiz ausgeübt.

Blick vom Reichenbacher Turm

14

Fleischerstraße, Wohnhaus von Karl Gottlob Anton 15

Schwarze Gasse

2 Görlitzer ABC

Armesündertreppchen

Eine kleine, schmale Treppe führt aus dem ehemaligen Gerichtssaal des alten Rathauses in dessen Hof. Dort waren Gefängniszellen und die Folterkammer untergebracht.

Brautwiese

Westlich der alten Stadt lag ein enges und langgestrecktes „Tal", das seit altersher als Brautwiese bezeichnet wurde. Um 1900 erreichte die Bebauung dieses Gebiet und ließ einen kreisrunden Platz gleichen Namens entstehen.

Denkmalpflege

Mit mehr als 3500 denkmalgeschützten Bauten gilt Görlitz als eines der umfangreichsten Flächendenkmale Deutschlands. Neben Grund- und Aufriß der gesamten Altstadt zählt dazu eine weitgehend gut erhaltene Quartierbebauung der zweiten Hälfte des 19. Jahrhunderts. Seit vielen Jahrzehnten hat die Denkmalpflege in Görlitz eine gute Tradition. Mit der 1907 erlassenen Ortssatzung für Denkmalpflege verfügte sie als erste deutsche Stadt über ein kommunales Gesetz zum Schutze der Kulturdenkmäler.

Elektrizitätswerk

Neben Halle besaß Görlitz als einzige deutsche Stadt ein eigenes Elektrizitätswerk mit eigenen Braunkohlengruben. Es wurde 1895 in der Görlitzer Heide errichtet.

Flüsterbogen

Als solcher wird das spätgotische Portal des Hauses Untermarkt 22 bezeichnet. Durch die Profilierung besitzt der Bogen akustische Eigenschaften, die vertrauliche Worte, auf einer Seite gesprochen, auf der anderen hörbar machen.

Goldener Anker

Das Haus Kränzelstraße 27, ein alter Brauhof, wird so genannt. Wie es zu diesem maritimen Namen kam, blieb bis heute ungeklärt.

Hirsch-Läuben

An der östlichen Seite des Untermarktes steht das Gasthaus „Zum Braunen Hirsch". Die Laubengänge an dieser Platzseite, auch Arkaden genannt, die wie in vielen Städten des böhmisch-schlesischen Kulturkreises den Marktplatz prägen, erhielten so ihren Namen.

Inquisitoriat

Zwischen Fischmarkt und Elisabethstraße, in Höhe des heutigen Durchganges, lag die Büttelei, auch Stockhaus genannt. 1822 überließ die Stadt dem preußischen Inquisitoriat bis zur Errichtung des neuen Gerichtsgebäudes am Postplatz dieses Haus.

Jesus-Bäcker

Der Kreuzweg vom Westportal der Peterskirche zum Heiligen Grab führte durch die Nikolaivorstadt. 1710 entstand an der Station bei der Lunitz ein Backhaus.

Kaisertrutz

Das ab 1490 errichtete Rondell war Teil der Befestigung des westlichen Stadttores. Seinen Namen erhielt es im Dreißigjährigen Krieg mit der Verteidigung durch schwedische Truppen gegen die kaiserlichen und sächsischen Belagerer.

Landeskrone

Die 420 Meter über NN gelegene Basaltkuppe ist der Görlitzer Hausberg, der schon in ur- und frühgeschichtlicher Zeit besiedelt war. Ab dem 13. Jahrhundert von einer Burg zur Sicherung der Handelsstraße bekrönt, gehörte er dem Landesherrn, der sie als Lehen an Oberlausitzer Geschlechter gab. 1440 erwarb die Stadt den Berg und ließ die Burg beseitigen.

Meridianstein

Der 15. Meridian ist der Bezugslängengrad für die mitteleuropäische Zeit. Er berührt Görlitz nahe dem linken Neißeufer und wird durch einen Meridianstein in der Nähe der Stadthalle gekennzeichnet.

Nachtschmied

Im Haus Obermarkt 14 soll ein begabter Schmied gewohnt haben, der jedoch seine Geschäfte vernachlässigte und dem Trunk zusprach. Für einen nicht rechtzeitig erledigten Auftrag holte ihn der Sage nach zur Mitternachtsstunde der Teufel. Seitdem wurde ein Klopfen, hörbar durch das Grundwasser, in diesem Haus auf das Arbeiten des Nachtschmieds zurückgeführt.

Ochsenbastei

Die Ochsenbastei ist ein Teil der erhalten gebliebenen östlichen Stadtbefestigungsanlage. An dieser Stelle befand sich auch das sogenannte Tor an der Kahle. In alter Zeit wurde durch dieses Tor das Schlachtvieh von der städtischen Viehweide zum sogenannten Kuttelhof, dem Schlachthof, getrieben. Nach einer Instandsetzung und Gestaltung der südöstlichen Befestigungsanlage als Grünfläche in den sechziger Jahren wurde der alte Name auf das gesamte Gebiet ausgedehnt.

Pflaster

Görlitz besaß das beste Pflaster, früher auch Besetzsteine genannt, des Sechsstädtebundes. Dafür wurde vor allem der in der Umgebung vorkommende Basalt genutzt. 1760 vermerkte man, daß alle Straßen der Stadt gepflastert sind. Seit der ersten Hälfte des 19. Jahrhunderts wurden auch Bürgersteige, nun aber aus Granit, angelegt. Görlitzer Steinsetzer waren bekannt und oft von außerhalb zu Arbeiten gerufen.

Renthaus

Das Rent- oder Waidhaus gilt als das älteste erhaltene profane Gebäude von Görlitz. Es diente den unterschiedlichsten Zwecken und war unter anderem Stapelhaus für die Tuchfärbepflanze Waid, Schule, Bauhütte und wurde zur Lagerung der landvogtlichen Rente, bestehend aus Getreide, genutzt.

Schönhof

Der Schöne oder Rote Hof galt im Mittelalter als das erste Haus am Platze. Hohe Gäste der Stadt übernachteten in diesem Haus. Durch den Stadtbrand im Jahre 1525 wurde es schwer beschädigt. Mit dem Neuaufbau durch den Görlitzer Stadtwerkmeister Wendel Roskopf d. Ä. wurde die Renaissancebaukunst in Görlitz eingeführt. Der Schönhof gilt als der älteste datierte Renaissancebau bürgerlicher Baukunst in Deutschland.

Türme

Görlitz wird zuweilen „Stadt der Türme" genannt. Die Stadtsilhouette wird durch drei Stadtwehrtürme, drei Basteien, den Turm des Kaisertrutzes, den Rathausturm, elf Kirchtürme und den Bahnhofsturm beherrscht. Ungezählt sind die turmartigen Bauten, wie zum Beispiel das Gymnasium am Klosterplatz oder der Dachreiter auf dem Altersheim an der Krölstraße.

Uhren

Zu den Besonderheiten zählen die Uhren am Görlitzer Rathaus. 1584 wurden sie durch den Mathematiker und Astronomen Bartholomäus Scultetus angebracht. Die obere Uhr ist eine dreißigphasige Monduhr, die untere zeigt die Stunden und Minuten an. Zu jeder vollen Minute läßt ein dort angebrachter Kriegerkopf seine Kinnlade fallen. Die Sonnenuhren an der Ratsapotheke wurden 1550 durch Zacharias Scultetus geschaffen.

Verrätergasse

In einem Haus dieser engen Gasse befand sich der Treffpunkt der aufständischen Tuchmacher im Jahre 1527. Einem unglücklichen Zufall, die Uhr der Klosterkirche am Obermarkt schlug sieben Minuten zu früh die Mitternachtsstunde, war der Sage nach die vorzeitige Entdekkung der Aufständischen geschuldet. Zur Erinnerung ließ der Rat die Pforte zu dem Haus mit einer Steintafel „DVRT" – DER VERRÄTERISCHEN ROTTE TÜR - kennzeichnen.

Weinberg

Er befindet sich südlich und weit außerhalb der alten Stadt und hat seit Jahrhunderten bereits diesen Namen. Die Ebene, auf der Görlitz errichtet wurde, bricht an dieser Stelle zu den Neißeniederungen ab. Seit 1889 stehen auf der Hangkante der umgesetzte Aussichtsturm der Industrie- und Gewerbeausstellung des Jahres 1885 sowie die Gaststätte „Weinberghaus".

Zeile

Als Zeile wird der Baublock inmitten des Untermarktes bezeichnet. Er nahm wohl ursprünglich das Markthaus auf. Später saßen an der Südseite Krämer, an der Ostseite stand die Waage, und die gesamte Nordseite wurde durch das Neue Kaufhaus eingenommen.

Neiße-Viadukt um 1910

Castan's

Panopticum

aus Berlin.

Görlitz

Hôtel zum Deutschen Kaiser

Struvestr. 27 **Kaiser-Saal** Struvestr. 27

Kunst-Ausstellung
lebensgrosser

Wachsfiguren und Tableaux

insbesondere unsere kaiserliche Familie und
die Herrscher Europas.

Schreckenskammer
Verbrecher-Galerie.

Geöffnet von 9 Uhr morgens bis 9 Uhr abends.

Entree 50 Pf., Kinder 25 Pf., Schreckenskammer 25 Pf.

Kupferstich aus: Daniel Meißner „Thesaurus Philopoliticus",
1623 – 1631 erschienen (Ausschnitt)

in Ober Laußnitz.

3 Historische Betrachtungen

Die über neunhundertjährige Geschichte von Görlitz kennt wirtschaftliche Blütezeiten und Not. Wenig ist aus den Anfängen der Stadt überliefert. Viele Hypothesen sind bisher aufgestellt worden, kaum eine konnte schlüssig bewiesen werden.

Im Jahre 1071 erscheint in einer Urkunde, ausgestellt und gesiegelt auf Veranlassung Heinrichs IV., erstmalig der Name „villa Goreliz". Das bewegte Geländeprofil nordöstlich der Altstadt weist einen tiefen Taleinschnitt auf, in dem die Lunitz von Westen her zur Neiße durchbricht, und ein Felsmassiv, das sich gleichsam südlich über dem Tal und westlich der Neiße erhebt. In diesem Tal wird jenes ursprünglich slawische Dorf Görlitz lokalisiert. Die an das Bistum Meißen verschenkten acht Königshufen bildeten vermutlich den Bauplatz für eine dem Heiligen Nikolai, Schutzpatron der Händler und Siedler, geweihte Kirche. Für den böhmischen König, seit 1076 Herr über die Oberlausitz, gewann der Übergang der Hohen Straße, der sogenannten via regia, über die Neiße zunehmend an Bedeutung. Als einer der ältesten und bedeutendsten transeuropäischen Handelswege verband er von Frankfurt/Main und Leipzig her Westeuropa mit den Städten im Osten des Kontinents. Ebenso berührte die Straße von der Ostsee nach Böhmen diese Siedlung.

In der ersten Hälfte des 13. Jahrhunderts entstand am Nordhang des Felsplateaus am Neißeufer im Schutze einer böhmischen Burg die erste städtische Siedlung. Ihre günstige verkehrsgeographische Lage und das Aufblühen von Handel und Gewerbe ließen die Bevölkerungszahl rasch anwachsen, so daß sich bereits wenige Jahrzehnte später die Stadt nach Westen um fast das Doppelte des ursprünglichen Umfanges erweiterte. Vor allem das Tuchmacherhandwerk gewann an Bedeutung. 1303 in das Stadtrecht erhoben, erfuhr Görlitz durch die Vergabe von bedeutenden Privilegien, so z. B. das Münzrecht 1330, das Stapelrecht für Waid 1339 oder das Braurecht 1367, eine weitere Aufwertung. 1346 schloß sich Görlitz mit den oberlausitzischen Städten Zittau, Löbau, Bautzen, Kamenz und Lauban zum Sechsstädtebund zusammen. Durch die kaiserliche Bestätigung und die Übertragung richterlicher Gewalt über Adel, Bürger und Bauern wuchs das politische Gewicht der Städte. So konnte auch der Verunsicherung der Handelsstraßen durch den verarmten räuberischen Landadel entgegengewirkt werden. Mit der Konzentration der wirtschaftlichen und politischen Macht in den Händen des Görlitzer Patriziats regte sich der Widerstand der Handwerker. Unruhen wie die von 1405 wurden mit Hilfe der Bündnispartner niedergeschlagen. Ungeachtet dessen kam es zwischen den einzelnen Städten zu „internen" Auseinandersetzungen. So war 1491 der Ausschank von Zittauer Bier im Görlitzer Weichbild Anlaß für die „Bierfehde".

Während der Hussitenkriege nahm Görlitz in der Oberlausitz eine Sonderstellung ein. Im Gegensatz zu den anderen Städten widersetzte sich die Stadt erfolgreich der hussitischen Bewegung und empfing dafür 1433 den Dank Kaiser Sigismunds. Seit jener Zeit führt die Stadt ein Wappen, was Reichsadler, böhmischen Löwen und Kaiserkrone in sich vereint.

1423 begann der Neubau der in der ersten Hälfte des 13. Jahrhunderts errichteten Hauptpfarrkirche St. Peter und Paul als stadtbildbeherrschende fünfschiffige Hallenkirche. Eine Demonstration von bürgerlicher Macht und blühender Wirtschaft sind aber auch die prächtig ausgestatteten Hausanlagen des 15. und 16. Jahrhunderts. Der Stadtbrand im Jahre 1525 schuf Voraussetzungen, den Wiederaufbau in modernen Formen in Angriff zu nehmen. Wendel Roskopf d. Ä. (um 1480 – 1549), Meister von Görlitz und Schlesien, führte als Stadtwerkmeister die Renaissancebaukunst in Görlitz ein. Der Schönhof ist sein erstes Werk in der Stadt und zugleich das älteste datierte deutsche Renaissancegebäude bürgerlicher Baukunst. Zum Wahrzeichen der Stadt wurde die gut ein Jahrzehnt später durch den gleichen Baumeister geschaffene Rathaustreppe. Görlitz stand zu jener Zeit in einer Blüte. Zahlreiche Bauten der Altstadt verweisen auf die politische und wirtschaftliche Bedeutung dieser Stadt in Mitteleuropa.

1547 nahm Ferdinand I. die mangelnde Unterstützung durch die Görlitzer Hilfstruppen im Schmalkaldischen Krieg zum Anlaß, die politisch übermächtig gewordene Stadt durch Entzug der Privilegien und Zahlung einer Geldbuße wieder mehr der königlichen Gewalt unterzuordnen. Belagerung, Plünderung und Brandschatzung hatten im Dreißigjährigen Krieg verheerende Folgen für Görlitz. Mit dem Prager Frieden geriet 1635 die Oberlausitz und damit auch Görlitz unter sächsische Hoheit. Die Stadt trug in der Folgezeit nicht nur schwer an der Überwindung der Kriegsfolgen, sondern mußte sich auch auf die neuen politischen und wirtschaftlichen Verhältnisse einstellen. Einige Vorteile erlangte die Stadt in den Jahren 1697 bis 1763 durch den während der sächsischen Personalunion mit Polen entstandenen regen Durchgangsverkehr.

Schönhof (Brüderstraße 8), Portalfigur

Brandkatastrophen suchten die Stadt um die Wende vom 17. zum 18. Jahrhundert heim. Danach entstanden zahlreiche Neubauten in barocken Formen. Architektonische und künstlerische Leistungen mit bemerkenswert guter Qualität haben sich aus dieser Zeit erhalten. Zu diesen zählt auch das Barockhaus Neißstraße 30, eine Vierflügelanlage, nach Leipziger Vorbild gestaltet. Seit 1804 war dieses Gebäude Domizil der Oberlausitzischen Gesellschaft der Wissenschaften, mit deren Gründung im Jahre 1779 die Wissenschaftspflege im 18. Jahrhundert einen bedeutenden Aufschwung erfuhr.

Die napoleonischen Kriege erlebte die Stadt als Durchzugs- und Einquartierungsort kriegführender Parteien. Im Ergebnis des Wiener Friedens kam Görlitz 1815 mit dem Norden und Osten der Oberlausitz zu Preußen und war fortan Teil der Provinz Schlesien. Nur langsam überwand die Stadt die Auswirkungen der neuen hoheitlichen Zuordnung. Gottlob Ludwig Demiani, seit 1814 im Dienste der Stadt und ab 1833 ihr Bürgermeister, hatte maßgeblichen Anteil daran, daß Görlitz nicht in tiefe Bedeutungslosigkeit versank, sondern vielmehr ab den dreißiger Jahren einen wirtschaftlichen Aufschwung erlebte. In nur kurzer Zeit veränderte die Stadt ihr Gesicht. Erste Tuchfabriken und Wollspinnereien, ihrer Antriebsquelle wegen meist an der Neiße errichtet, deuteten bereits ab 1816 auf eine Veränderung des wirtschaftlichen Profils der Stadt hin. 1837 nahm in der Wollspinnerei Bergmann & Krause an der Lunitz die erste Dampfmaschine ihren Betrieb auf. Zur gleichen Zeit begannen sich mit der Lüdersschen Wagenbauanstalt die metallverarbeitenden Branchen zu regen. 1849 in die Brunnenstraße verlegt, entwickelte sich das Unternehmen bald zu einem der führenden Görlitzer Exportbetriebe.

Kaiser-Friedrich-Museum, um 1900

Besondere Beachtung schenkte der Magistrat sozialen Belangen, dem Schulwesen, aber auch der Verkehrsentwicklung. Als Umschlagplatz zwischen dem getreidereichen Schlesien und dem hochindustrialisierten Sachsen gewann Görlitz zusehends an Bedeutung. Den Anschluß an das Eisenbahnnetz erhielt die Stadt 1847 mit der Eröffnung des preußisch-sächsischen Doppelbahnhofes gut 800 Meter vor ihren Toren. Schon bald bot die alte Stadt in ihrer mittelalterlichen Umklammerung für die stetig wachsende Einwohnerzahl nicht mehr ausreichend Platz. Parallel mit dem Eisenbahnprojekt entstand so die Planung eines neuen Stadtviertels – des heutigen Zentrums von Görlitz. Nach dem Scheitern der Revolution im Jahre 1848 nahm der Staat auf die kommunalen Angelegenheiten verstärkt Einfluß.

Die Görlitzer Heide, jenseits der Neiße gelegen, war seit der Mitte des 19. Jahrhunderts das wirtschaftliche Rückgrat der Stadt. Mit einem Landbesitz von 310 km^2 stieg Görlitz nicht nur zu der an Grundbesitz reichsten deutschen Stadt im vergangenen Jahrhundert auf, der Holzreichtum, Braunkohlevorkommen und andere Bodenschätze verhalfen der Kommune zu einem beachtlichen Wohlstand. Die Lage der Stadt vor den Toren des Riesengebirges, die ausgedehnten und gepflegten Parkanlagen und eine günstige Steuerpolitik ließen Rentiers und Pensionäre ihren Alterssitz nach Görlitz verlegen.

Die politischen Ereignisse der sechziger und siebziger Jahre in Mitteleuropa sowie die Errichtung der Berlin-Görlitzer Eisenbahn führten zu einer bedeutenden Zunahme der Bautätigkeit. Die nun geplante Stadterweiterung umfaßte bereits Gebiete jenseits der Eisenbahnlinie. Geschlossene Miethausfronten mit prächtig ausgestatteten Wohnungen und zahlreichen Bauten für Handel, Kul-

Schulbau an der Elisabethstraße (Detail)

tur und Bildung vermittelten das Bild einer Großstadt und verbanden dies mit den Annehmlichkeiten einer Provinzstadt.

Insbesondere nach der Jahrhundertwende holte die Stadt für die Errichtung öffentlicher Bauten solch bedeutende Architekten wie Heino Schmieden (1835 – 1913), Bernhard Sehring (1855 – 1932), William Lossow (1852 – 1914) und Max Hans Kühne (1874 – 1942) nach Görlitz. Zu Beginn des Ersten Weltkrieges zählte man über 85 000 Einwohner. Die Wirtschaftskrisen beeinträchtigten diese Entwicklung jedoch erheblich. Ab Mitte der zwanziger Jahre entstanden, durch die Kommune getragen, von der Gartenstadtbewegung beeinflußte Wohnviertel in bemerkenswerter Qualität. Auch die Denkmalpflege trat zunehmend in das öffentliche Bewußtsein.

Während Bombenangriffe und Artilleriegefechte andererorts ganze Städte verwüsteten und unwiederbringliche Kunstschätze den Flammen zum Opfer fielen, blieb Görlitz im Zweiten Weltkrieg nahezu unberührt. Sieben vernichtete Brücken und 37 total zerstörte Gebäude weist neben den leichten und mittleren Schäden die Verlustliste auf. Die Einwohnerzahlen der Stadt stiegen nach Kriegsende sprunghaft an und erreichten 1947 die 100 000-Grenze. Görlitz, mit 6 800 Einwohnern je km^2 eine der dichtest besiedelten Städte Deutschlands, wurde immer mehr zum Ziel der aus den Gebieten östlich der Neiße Vertriebenen.

Mit den wirtschaftlichen und politischen Folgen eines Krieges war die Stadt in ihrer Geschichte schon oft konfrontiert. Die Oder-Neiße-Grenzlinie, durch die Siegermächte 1945 besiegelt, war jedoch die einschneidendste Veränderung für Görlitz. Sie zerriß den gewachsenen Stadtorganismus. Die Oststadt trug nun den polnischen

Namen „Zgorzelec". Schrittweise normalisierte sich das Leben. Die traditionell hier bodenständige Industrie wie Waggonbau, Maschinenbau, Optik- und Textilindustrie blieb erhalten. Görlitz verlor aber mit seiner Randlage seine einstige wirtschaftliche und politische Bedeutung. Abseits von machtpolitischen Interessensphären gelegen, trat mit der Vernachlässigung städtischen Umfeldes zusehends ein Verlust kultureller Identität ein. Heimatverbundene Menschen mühten sich jedoch unentwegt, die vielfältigen Traditionen dieser Stadt zu erhalten. Mit der politischen Wende im Jahre 1989 stand Görlitz vor einem Neubeginn. Im Prozeß der Erneuerung stützt sich die Stadt auf ihre geographisch bedeutsame Lage, ihre Geschichte und nicht zuletzt auf ihren baukünstlerischen Wert, der sie in allen Teilen Europas immer mehr bekanntmacht.

Blick über die Neiße nach Zgorzelec

Rathaustreppe, Kandelabersäule der Justitia (Detail)

4 Rundgänge durch die Stadt

Görlitz ist ungewöhnlich reich an Sehenswürdigkeiten. Die Altstadt und das im 19. Jahrhundert entstandene Zentrum sind ein einmaliges Bilderbuch deutscher Architekturgeschichte. Selbst ein ausgedehnter Stadtrundgang vermag nur einen Teil dieses Reichtums zu berühren.

In den folgenden zwei Routen werden die wichtigsten Bauten der Stadt vorgestellt. Als Ausgangspunkt wird der Platz vor dem Theater empfohlen. Im Stadtzentrum gelegen, ist er mit öffentlichen Verkehrsmitteln mühelos zu erreichen. Auch mehrere Parkplätze stehen in der näheren Umgebung zur Verfügung.

Altstadtrundgang

Das **Theater**, errichtet in den Jahren 1850/51 vom Görlitzer Maurermeister Gustav Kießler (1807 – 1883). Die Ausstattung besorgte damals der Berliner Maler und Dioramenaussteller Karl Wilhelm Gropius (1765 – 1852). Von diesem Bau hat sich nur noch die östliche Giebelfront erhalten. Die heutige Gestalt des Gebäudes ist das Ergebnis von Umbauten in den Jahren 1911 und 1927. Von 1946 bis 1988 trug die Spielstätte den Namen „Gerhart-Hauptmann-Theater". Eine der merkwürdigsten Stadtbefestigungsanlagen Deutschlands ist der **Kaisertrutz**. Er wurde ab 1490 zum Schutze des Budissiner Tores errichtet. Der erfolgreichen schwedischen Verteidigung im Dreißigjährigen Krieg gegen die Angriffe kaiserlicher Truppen verdankt das Rondell seinen Namen. 1850 erfolgte ein Umbau zum Landwehrzeughaus und zur

Haus Obermarkt 29

Hauptwache der Garnison. In diese Zeit gehören auch die Säulenvorhalle und die Pylonen. Seit dem Jahre 1932 wird der Kaisertrutz museal genutzt. Ebenso gehört der **Reichenbacher Turm**, einer der schönsten Türme Deutschlands, zu den Städtischen Kunstsammlungen Görlitz. 1376 wurde der westliche Stadtturm erstmals erwähnt. 1485 erhielt er seinen Wehrgang und seinen runden oberen Teil. Bis zur Elektrifizierung des Glockenschlagwerkes im Jahre 1904 wohnte in den oberen Etagen ein Türmer. Mit einer Instandsetzung wurden 1935 Wappen zur Verkleidung von Ankerplatten angebracht. Obere Reihe von West nach Ost: Heiliges Römisches Reich deutscher Nation; Kurfürstentum Sachsen; Markgrafentum Brandenburg; Königreich Preußen; Herzogtum Schlesien; Königreich Sachsen. Untere Reihe von West nach Ost: Kamenz; Löbau; Görlitz; Bautzen; Lauban; Zittau.

Der **Obermarkt** wurde um die Mitte des 13. Jahrhunderts angelegt. Er ist Teil einer mittelalterlichen Stadterweiterung. Bis 1851 standen auf dem langgestreckten Platz das Salzhaus und die Wache. Die nördliche Gebäudefront bilden Barockbauten, die nach Stadtbränden in der ersten Hälfte des 18. Jahrhunderts aufgeführt wurden.

Als ein klassizistischer Bau aus der ersten Hälfte des 19. Jahrhunderts präsentiert sich **Obermarkt 5**. Hier eröffnete Johann Christoph Lüders 1828 seine Sattlerwerkstatt, aus der später der Waggonbau als größter Görlitzer Exportbetrieb hervorging. **Obermarkt 24** ist ein schöner Barockbau aus dem Jahre 1719. Das Gurtgesims im Erdgeschoß trägt eine Inschrift aus der apokryphischen Schrift vom Drachen zu Babel. Vom Haus Obermarkt Nr. 25 führt die **Verrätergasse** zur Langenstraße. Ihr Na-

Blick auf Görlitz von Norden. Kolorierte Lithographie von C. Mattis, u

me geht auf eine Begebenheit im Jahre 1527 zurück. Das an dieser Gasse gelegene Haus Langenstraße 12 war Treffpunkt aufständischer Tuchmacher. Als die Uhr der Klosterkirche sieben Minuten zu früh schlug, entdeckte – der Sage nach – ein aufmerksamer Nachtwächter die durch den Hintereingang heimwärts Eilenden. Der Aufstand wurde im Keim erstickt. Die Tür ist seitdem mit den Buchstaben D.V.R.T. (Der Verräterischen Rotte Tür) gekennzeichnet. Als „Goldenes Kreuz" wird das 1720 errichtete Barockhaus **Langenstraße 37** genannt. Heute hat die Kirchenmusikschule hier ihren Sitz. Aus der gleichen Zeit stammt der breitgelagerte Bau **Langenstrasse 41**. Im Saale des ersten Obergeschosses befindet sich eine Deckenmalerei mit Darstellung der Diana und ihres Gefolges. Einer der Besitzer des Hauses, Christian Friedrich Schrickell, legte ab 1782 einen romantischen Garten in der südwestlichen Vorstadt an (heute in der Nähe des Lindenweges). Das Wohnhaus Karl Gottlob Antons, des Mitbegründers der Oberlausitzischen Gesellschaft der Wissenschaften, war **Langenstraße 43**.

Ein beispielhafter Neubau aus den Jahren 1953/54 ist der Komplex **Fleischerstraße / Obermarkt 30**. Er wurde an der Stelle für zwei bei Kriegsende zerstörte Barockbauten durch Architekt Albert Mayer (1897 – 1981) entworfen. Der einzige Görlitzer Barockbau, der straßenseitig einen steinernen Balkon besitzt, ist **Obermarkt 29**. Das Gebäude wurde in den Jahren 1717/22 erbaut. Der Bauherr, Kaufmann Johann Wilhelm Schaumburg aus Berlin, beabsichtigte wohl damit, für sein Haus das Privileg einer fürstlichen Herberge zu erlangen. Die Tafel links neben dem Portal verweist auf die hohen Gäste, die hier abgestiegen sind. Sehenswert ist das durch mehrere Etagen führende Treppenhaus, in dem die Reste einer al-

Armesündertreppe im Hof des Rathauses 43

ten Zentralhalle aufgegangen sind. Im Erdgeschoß hat seit 1976 die „Görlitzinformation" ihren Sitz.

Die Südseite des Obermarktes beherrscht die **Dreifaltigkeitskirche**. Ursprünglich handelte es sich um die Klosterkirche des im Jahre 1234 an dieser Stelle sich niederlassenden Franziskanerordens. Charakteristisch ist der seitlich gestellte schlanke Glockenturm, volkstümlich „der Mönch" genannt. Der Chor geht auf die Jahre 1371/81 zurück, im 15. Jahrhundert wurde das Langhaus mit dem südlichenKreuzgangflügel und der Barbarakapelle zu einem malerischen Raumensemble vereint. 1715 wurde die Kirche der Dreifaltigkeit geweiht. Von der reichen Ausstattung der Kirche sei an dieser Stelle nur der Hochaltar von Caspar Georg von Rodewitz (1679 – 1721) aus dem Jahre 1713 erwähnt.

Der **Klosterplatz** entstand im Jahre 1855 mit dem Abbruch des alten Franziskanerklosters. Nach der Säkularisierung des Klosters beherbergten die alten Gemäuer seit 1565 das weithin bekannte Görlitzer **Gymnasium Augustum**. Mit der Gründung der höheren Bürgerschule bemühte sich 1836 die Stadt um die Genehmigung zum Abbruch des Klosters, welche ihr jedoch nach Gutachten von Karl Friedrich Schinkel (1781 – 1841) und Alexander Ferdinand von Quast (1807 – 1877) versagt wurde. Erst der Einsturz von Gebäudeteilen machte 1854/56 den Neubau in neogotischen Formen möglich. Östlich des Klosters besteht durch den **Schwibbogen** eine bauliche Verbindung von Klosterplatz und Obermarkt. Das turmartige Gebäude mit seinem spitzbogigen Durchgang schließt die Lücke zwischen der Dreifaltigkeitskiche und dem Baublock der Brüder- und Fischmarktstraße. Die nördliche Fassade ist durch eine Renaissancefassung aus der ersten Hälfte des 16. Jahrhunderts gegliedert.

Rathausturm

46　　　　　　　　*Kunstbrunnen auf dem Obermarkt (Detail)*

Unmittelbar neben dem Durchgang steht der **Krieger-brunnen**, ein im Jahre 1590 aufgestellter und seitdem mehrfach umgesetzter Kunstbrunnen. Über die Bedeutung der Figur besteht keine endgültige Klarheit. Es ist wohl ein Phantasieherold, der seit einer Veränderung um 1668 das kursächsische Wappen trägt.

Das breitgelagerte Barockhaus **Brüderstraße 3** entstand nach 1717. In diesem Haus wurde am 24. Mai 1813 die Leiche des bei Markersdorf tödlich verwundeten Marschalls Duroc (1772 – 1813) einbalsamiert und für die Überführung zu seiner letzten Ruhestätte im Pariser Invalidendom vorbereitet. Dem gegenüber steht ein Renaissancebau aus dem zweiten Viertel des 16. Jahrhunderts – **Brüderstraße 16** –. Die bemalte Holzdecke in der Erdgeschoßhalle zeigt Szenen aus der alttestamentarischen Geschichte des Propheten Jona. Im Jahre 1547 entstand das Renaissancebürgerhaus **Brüderstraße 11**. Das prächtige Portal schmücken das Monogramm „WR" und das Steinmetzzeichen Wendel Roskopfs. Sehenswert die reiche Ausstattung im Inneren. Der hofseitige Saal besitzt eine polychrom gefaßte Holzbalkendecke und dekorative Wandmalerei. Weitaus schlichter ist das Gebäude **Brüderstraße 10** aus der Zeit um 1570. Das Portal (1530/40) wurde nach dem Abbruch des Hauses Peterstraße 11 an dieser Stelle eingebaut.

An der Einmündung der Brüderstraße in den Untermarkt steht der Schönhof (Brüderstraße 8). Er ist das älteste datierte Renaissancebürgerhaus Deutschlands. Nach einem Stadtbrand errichtete im Jahre 1526 Wendel Roskopf d.Ä. das Gebäude unter Nutzung drei älterer Hauseinheiten. In seiner Geschichte ist vielfach die Nutzung als fürstliche Herberge belegt. Bei Voruntersuchungen für die Restaurierung des Gebäudes konnte eine un-

Börse (Untermarkt 16), Detail an der Eingangstür

Rathaus, Normaluhr mit Kriegerkopf

48

gewöhnlich reiche Ausstattung, insbesondere gefaßte Holzbalkendecken und dekorative Wandmalereien, aufgedeckt werden.

Der Hauptplatz der Altstadt ist der **Untermarkt**. Er besitzt eine annähernd quadratische Form. Seine südliche und östliche Seite wurden von Arkaden gesäumt, die sogenannten „Langen Läuben" im Süden, die „Hirsch-Läuben" im Osten. Typisch für schlesisch-böhmische Marktplätze ist ein in deren Mitte errichtetes Gebäudeensemble. In Görlitz wird dies als Zeile bezeichnet. 1756 schuf Johann Georg Mattausch den auf dem südlichen Platzteil aufgestellten **Neptunbrunnen**.

Die gesamte westliche Marktfront nimmt das **Rathaus** ein. Es besteht aus den Gebäuden Untermarkt 6,7,8 und 17/18 sowie Brüderstraße 7. Die dem Schönhof gegenüberliegende Treppe ist der ursprüngliche Hauptzugang des Rathauses. Sie zählt zu den bekanntesten Denkmälern der Bau- und Bildhauerkunst in Görlitz. Wendel Roskopf d. Ä. (um 1480 – 1544) schuf die Treppe im Jahre 1534/35 zusammen mit der **Verkündigungskanzel** und dem reich skulptierten Portal. Gut fünfzig Jahre später vollendete Andreas Walther III. (? – 1596) das Kunstwerk mit dem Standbild der Justitia. Die Figur ging zusammen mit der Säule infolge kriegsbedingter Auslagerung verloren und wurde im Jahre 1951/52 durch Kopien von Werner Hempel (1904 – 1980) ersetzt. Die später in Polen aufgefundene Säule kehrte 1964 nach Görlitz zurück und wurde in der Erdgeschoßhalle des Barockhauses Neißstraße 30 aufgestellt. Über der Rathaustreppe ist an der Turmwand das 1488 in Sandstein gehauene Hauswappen des Mathias I. Corvinus, König von Ungarn und Böhmen (1443 – 1490), eingelassen. Das Gebäude **Brüderstraße 6** war ursprünglich das Tanz- und Gerichtshaus

Impressionen an der Rathaustreppe

der Stadt. In diesem befindet sich heute u.a. das Ratsarchiv.

Sehenswert ist auch der Rathaushof mit dem sogenannten Archivflügel, 1537/38 von Wendel Roskopf d.Ä., und mit dem Gerichtserker, 1564 von Wendel Roskopf d. J. geschaffen. **Untermarkt 6** ist der älteste Teil des Rathauses. Der Turm erhielt 1511/16 seinen oktogonalen Aufbau, 1742 die barocke Haube. Die beiden Turmuhren, das Mondphasen-Kalendarium oben und die Normaluhr mit dem mittig aufgesetzten behelmten Kriegerkopf unten, entstanden 1525 bzw. 1584. **Untermarkt 7** ist das ehemalige Münzhaus, in dessen Inneren der Ratssitzungssaal mit seiner kostbaren Ausstattung zu finden ist. Das Gebäude **Untermarkt 8**, ein Renaissancebürgerhaus, wurde kurz vor 1900 dem Rathaus zugeschlagen und im Inneren vollständig umgebaut. Erhalten hat sich ein prächtiges Portal aus dem Jahre 1556, das heute als Hauptzugang zur Stadtverwaltung dient. Das Gebäude **Untermarkt 17/18** entstand 1902/03 als Rathausneubau im Stile der Neorenaissance anstelle der sogenannten „Pilz-Läuben", Arkadenhäusern, welche die nordwestliche Platzfront säumten.

Die südliche Front des Untermarktes bilden prächtige Bürgerbauten aus der spätmittelalterlichen Blütezeit von Görlitz. Das Gebäude **Untermarkt 2** ist ein breitgelagertes Renaissancebürgerhaus, 1525 datiert. Den Typ des Hallenhauses vertreten die Gebäude **Untermarkt 3, 4 und 5**. Ihre ungewöhnlich reiche Ausstattung, die großzügige Raumanlage im Erdgeschoß und die luftigen Zentralhallen in den Obergeschossen belegen den ungeheuren Reichtum des städtischen Patriziats an der Wende vom 15. zum 16. Jahrhundert. Die ursprüngliche, Roskopfsche Fassadengliederung hat sich am Haus **Un-**

-ROMA-4
-WIR-LEBEN-OD
STERBEN-SO-SEI
NT-WIR-DES-HER
7   8

Peterstraße 10 (Portalfigur)

termarkt 4, dem Goldenen Baum, erhalten. Das als Gaststätte genutzte Gebäude besitzt eine charaktervolle Ausstattung, und der dazugehörige Wurzelkeller zeigt einen Teil der mehrgeschossigen Bierlagerstätten des Hauses. Hinter der im Jahre 1716 barockisierten Fassade von **Untermarkt 3** verbirgt sich eine prächtige netzrippengewölbte Zentralhalle. Das Gebäude **Untermarkt 5** gehörte dem Kaufmann Hans Frenzel (1463 – 1526), der u.a. den Bau der Annenkapelle von 1508 bis 1512 am südlichen Stadttor in Auftrag gegeben hat. Die Ausstattung des Hauses ist besonders reich. Neben einem spätgotischem Fenstergewände mit Konsoltisch, einem steinernen Handwaschbecken, ist vor allem auf ein kostbar ausgemaltes Spitzbogengewölbe im ersten Obergeschoß hinzuweisen. In der Nebenhalle sind die Reste des plastischen Schmuckes der 1790 spätbarock veränderten Fassade aufgestellt.

Von den Bauten der Zeile tritt die ehemalige Stadtwaage, **Untermarkt 14**, hervor. Halbsäulen mit Konsolbüsten verbinden das spätgotische Erdgeschoß mit den Renaissanceobergeschossen aus dem Jahre 1600. Die südöstliche Büste zeigt den Baumeister Jonas Roskopf. Die nördliche Fassadenfront der Zeile nimmt das 1706 erbaute Gebäude **Untermarkt 16**, die ehemalige Börse bzw. das spätere Kaufhaus, ein. Sein Barockportal schuf im Jahre 1714 der Bildhauer Caspar Georg von Rodewitz (1679 – 1721). Das gegenüberliegende Bürgerhaus **Untermarkt 22** besitzt einen himmeloffenen Lichthof. Zu den Görlitzer Merkwürdigkeiten zählt zweifellos das spätgotische Portal dieses Hauses. Die volkstümliche Bezeichnung „Flüsterbogen" verweist auf die besonderen akustischen Eigenschaften des Portalgewändes. Die typische Fassadengliederung der Görlitzer Frührenaissan-

Wodurch

ist Görlitz vor anderen Städten ausgezeichnet, sodaß es sich zum dauernden Wohnsitz empfiehlt.

Durch seine herrliche Lage an der Grenze zwischen den deutschen Mittelgebirgen und der norddeutschen Tiefebene

Durch seine gesunde Höhenluft, sein reines Grundwasser, durch seine hygienischen Einrichtungen

Durch den großen Land- und Forstbesitz der Stadt, der es ihr ermöglicht, die Steuern im Verhältnis zu dem, was die Kommune bietet, und im Vergleich zu andern Städten niedrig zu halten

Durch die Pflege von Kunst (Theater, Musik, Kunstgewerbe) und Wissenschaft (Bibliotheken, Volksbücherei, gelehrte Gesellschaften) sowie Geselligkeit (Vereine jeder Richtung)

Durch vorzügliche Schulen, für Knaben und Mädchen

Durch die Möglichkeit, alle persönlichen Wünsche, selbst die weitgehendsten, am Orte befriedigen zu können

Durch mäßige Wohnungsmieten

Durch die Möglichkeit, in kurzer Zeit die schlesischen, sächsischen und böhmischen Gebirge zu besuchen und die Hauptstädte Berlin, Dresden und Breslau zu erreichen. Endlich

Durch die zahlreichen Erinnerungen an die hohe Blüte der Stadt während des Mittelalters und an ihre historische Bedeutung.

Oberlausitzer Gedenkhalle, 1902

Langenstraße um 1900

Postplatz, Geschäftshaus Eduard Schultze, um 1900

ce mit dem Giebelaufbau hat sich am 1536 datierten Haus **Untermarkt 23** erhalten. Solche Giebel finden sich auch am der Peterstraße zugewandten Gebäudeteil des Eckhauses **Untermarkt 24**. Die Front zum Untermarkt zieren die von Zacharias Scultetus (1530 – ?) im Jahre 1550 angebrachten beiden Sonnenuhren. Seit 1771 war dieses Haus Ratsapotheke. Hier wirkte der berühmte Gesundheitserzieher und Impfarzt Christian August Struve (1754 – 1807).

Die Hirschläuben nehmen die östliche Platzfront ein und werden durch die Gebäude **Untermarkt 25** und **Untermarkt 26** gebildet. Letzteres ist der 1722 errichtete Gasthof „Der Braune Hirsch". Das barocke Gebäude zieht sich weit die Neißstraße herunter. Die gegenüberliegende Ecke zur Neißstraße bildete die barocke Vierflügelanlage **Neißstraße 30**. Sie entstand 1727/29 für den Leinwand- und Damastgroßhändler Johann Christian Ameiß (1688 – 1742). Seit 1804 war das Haus Sitz der Oberlausitzischen Gesellschaft der Wissenschaften und wurde ab 1951 Museum der Städtischen Kunstsammlungen Görlitz mit umfangreichen Sammlungen zu Kunst-, Kultur- und Wissenschaftsgeschichte der Oberlausitz.

Das Gebäude **Neißstraße 29**, auch „Biblisches Haus" genannt, entstand im Jahre 1570 und gehört zu den bedeutendsten Denkmalen bürgerlicher Renaissancebaukunst Deutschlands. Die Straßenfassade schmücken ein reich verziertes Portal und Reliefs mit alt- und neutestamentarischen Szenen. Die Arbeiten werden der Dresdener Bildhauerfamilie Kramer zugewiesen. Im Inneren verweist eine kleine, jedoch malerische Zentralhalle auf die Spätphase der Görlitzer Tuchhallen. Das Renaissancebürgerhaus **Neißstraße 26** besitzt im Obergeschoß eine Zentralhalle und einen heute vielseitig ge-

Blick vom Rathausturm zur Peterskirche, um 1900

Kaisertrutz

nutzten Saal. Die Hoffassade schmückt ein interessantes Sgraffito aus der Bauzeit. Von 1820 bis 1847 war im Hinterhaus ein Theater untergebracht. Die Ecke zur Kränzelstraße bildet das 1727 errichtete Barockhaus **Neißstraße 24** mit einem bemerkenswert schönen Portal. Eine für Görlitz einmalige Fassadenmalerei aus dem Jahre 1680 schmückt die Straßenfront des Gebäudes **Neißstraße 20**. Die Neidecke heißt das zurückgesetzte barocke Eckhaus **Neißstraße 7** am Hainwald. Im Inneren haben sich wohl Reste der frühen spätmittelalterlichen Bebauung der Stadt erhalten. Wenige Meter bergab ist das Ufer der Neiße erreicht. In Höhe der Einmündung der Neiß- in die Ufer- bzw. Hotherstraße sind dies- und jenseits des Flusses die Reste der Altstadtbrücke zu erkennen. An dieser Stelle, ursprünglich auch Standort des vierten Stadtturmes, passierte über Jahrhunderte hinweg bis 1945 die alte transeuropäische Handelsstraße die Neiße. Nördlich davon steht hoch über dem Fluß der Chor der Pfarrkirche St. Peter und Paul und bildet zusammen mit dem Waid- oder Renthaus und den Resten der Stadtbefestigung ein malerisches Ensemble. In entgegengesetzter Richtung ist die **Ochsenbastei** der Zugang in den Zwinger der erhaltenen Stadtbefestigungsanlage entlang der Neiße. Der Name verweist auf ein altes Vorstadttor, durch das Schlachtvieh von der Weide zum Kuttelhof getrieben wurde. Die in den Jahren 1962/63 zwischen den Stadtmauern angelegte gärtnerische Anlage lädt zum Verweilen ein. Von den Hoffassaden der anliegenden Gebäude fällt vor allem die des Hauses **Kränzelstraße 27**, auch „Goldener Anker" genannt, mit den drei barocken Arkadengeschossen auf. Vom Ausgang der Ochsenbastei gelangt man über die Kränzelstraße zur Einmündung in das Handwerk. An jener Stelle ist nicht

Rathaustreppe

nur das eben erwähnte, in den Jahren 1540/45 errichtete Renaissancebürgerhaus zu besichtigen, auch die platzartige Erweiterung der Kränzelstraße, der sogenannte **Federmarkt**, bietet einen romantischen Blick auf die Peterskirche. Neben dem 1726 erbauten Tuchmacher-Innungshaus, **Handwerk 18**, ist vor allem das Gebäude **Handwerk 22** zu erwähnen. Es zählt zu den bedeutenden barocken Bürgerbauten in Görlitz und besticht durch eine reiche Innenausstattung und einen mit Balustraden geschmückten Hofflügel.

Die Weberstraße führt über den Untermarkt direkt zur **Peterstraße**, an deren Einmündung in den Platz das Haus Nr. 17 mit einer um 1535 entstandenen Fassade in Roskopfmanier auffällt. Das Nachbarhaus **Peterstraße 16**, nach 1717 durch Zusammenlegung von drei älteren Hauseinheiten entstanden, birgt im Inneren eine malerische Doppelhalle. Als schlichter mittelalterlicher Wohnbau zeigt sich das Gebäude **Peterstraße 14**. Das Innere überrascht durch die weiträumige Erdgeschoßhalle und im Obergeschoß durch die Reste einer Zentralhalle mit einem mächtigen Steigerschornstein aus dem 15. Jahrhundert und einer Wendeltreppe mit hölzernen Umgängen. Die Ecke zur Rosenstraße nimmt das große barocke Bürgerhaus **Peterstraße 3** ein. Es entstand im Jahre 1685. An seiner Stelle stand das Geburtshaus des bedeutenden Meistersängers Adam Puschmann (1532 – 1600). Das Nachbargebäude **Peterstraße 4** erhielt seine Gestalt um 1720. Vordem wohnte hier der Mathematiker, Astronom und Bürgermeister Bartholomäus Scultetus (1540 – 1614). Sehenswert ist vor allem der von steinernen Galerien eingefaßte Hof des Hauses. Gegenüber steht der Renaissancebau **Peterstraße 10** mit seinem aufwendig verzierten, 1578 datierten Portal. Das Eckge-

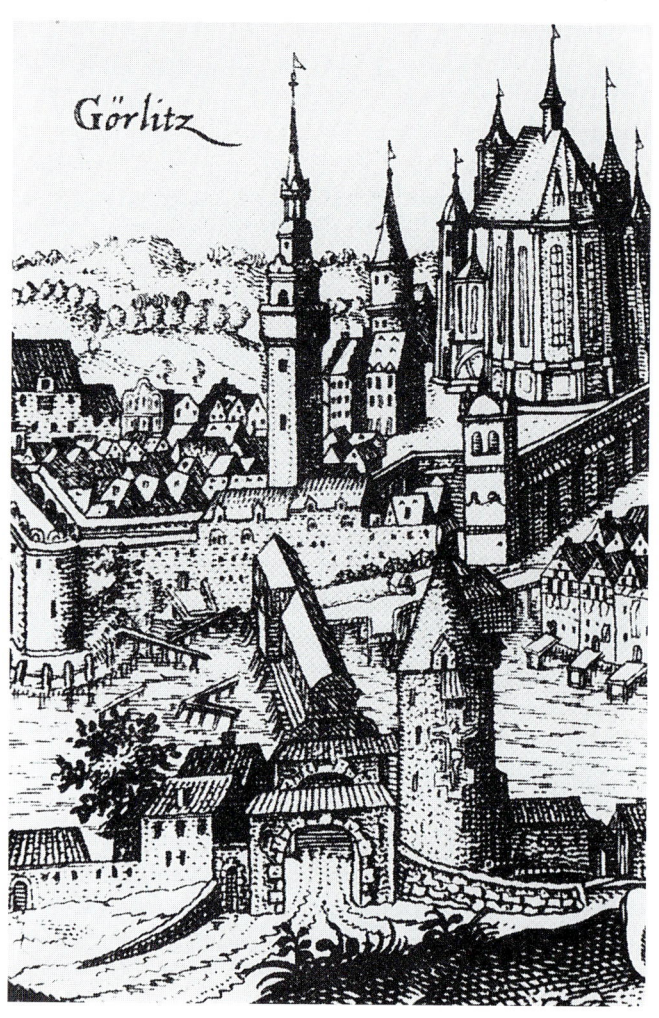

Görlitz, Kupferstich 17. Jh. (Ausschnitt)

bäude **Peterstraße 7** fällt insbesondere durch eine Fassadengliederung in schwarze Putzquaderung mit erhabener weißer Fuge auf. Das Renaissancebürgerhaus aus dem Jahre 1544 erhielt diese Fassung nach einer bauarchäologischen Befunduntersuchung im Jahre 1985. Bei dieser Gelegenheit wurde links neben dem Portal ein mittelalterliches Kaufgewölbe mit Resten gotischen Putzes aufgedeckt. An der Nikolaistraßenseite erhielten Fassadenteile des mächtigen Baukörpers eine barocke Fassung. Der den Formen der Görlitzer Frührenaissance nachempfundene Giebelaufbau entstammt dem Jahre 1895. Das gegenüberliegende große Renaissancegebäude **Peterstraße 8** entstand 1528. Das reich ornamentierte Portal des Hauses erhielt bei der Restaurierung zu Beginn der achtziger Jahre seine polychrome Fassung teilweise zurück. Die Diele im ersten Obergeschoß besitzt ein Schlingrippengewölbe, wie es auch im Wladislawsaal der Prager Burg zu finden ist. Im gleichen Raum befinden sich auch eine Büste des Bauherren und Bürgermeisters Franz Schneider sowie der Zugang zu einem großen Saal mit einer mächtigen Holzbalkendecke. Einige Räume des Hauses haben marmorierte Balkendecken vom Ende des 17. Jahrhunderts.

Eine der größten spätgotischen Hallenkirchen im östlichen Deutschland ist die **Pfarrkirche St. Peter und Paul**. Vom spätromanischen Erstbau um 1230/40 haben sich die Turmunterbauten und als Prunkstück das Brautportal erhalten. Im Jahre 1423 begann der Neubau mit der Errichtung einer vierschiffigen Hallenkrypta im Osten und fand 1497 mit der Einwölbung des fünfschiffigen, ca. 24 Meter hohen Hauptschiffes durch Konrad Pflüger seinen Abschluß. Die Krypta St. Georg zählt zu den schönsten spätgotischen Räumen in der Oberlausitz. 1691

Postamt, Fassadendetail

wurde die Kirche durch Brand beschädigt und danach barock neu ausgestattet. Herausragend dabei sind die große „Sonnenorgel", 1703 durch Eugenio Casparini in einem Prospekt von Johann Conrad Büchau geschaffen und drei plastisch sehr reich ausgestattete protestantische Beichtstühle, einer von Caspar Gottlob von Rodewitz (1679 – 1721).

Das große freistehende Gebäude südlich der Peterskirche ist das älteste erhaltene profane Gebäude von Görlitz, das **Waid- oder Renthaus**. Seinen Ursprung hat es offenbar in einem zur Burg gehörenden Freihof. Den Namen erhielt das Gebäude durch die vielfältige Nutzung, so u.a. als Lager für die Tuchfärbepflanze Waid, als Schule und auch als Speicher für Zinsgetreide stadtzugehöriger Dörfer. Der sich nördlich an die Peterskirche anschließende Gebäudekomplex wird als **Vogtshof** bezeichnet. Die hoch über dem Lunitztal gelegene Anlage ist der ursprüngliche Standort der vermutlich hochmittelalterlichen Burg und Sitz des böhmischen Vogtes. Mit der städtischen Entwicklung verlor jedoch dessen Amt zusehends an Bedeutung, und so spielte der Vogtshof in der Stadtgeschichte nur eine untergeordnete Rolle. Ab 1826 bzw. 1830 betrieb der preußische Staat die Anlage als Zuchthaus, und nach einem grundlegenden Umbau übernahm 1973 die Ingenieurschule für Informationsverarbeitung und Elektronik die Gebäude als Studentenwohnheim.

Von der Peterskirche hinab in das Lunitztal führt die Nikolaistraße. Sehenswert sind ihre Barockhäuser **Nikolaistraße 3**, 1719, und **Nikolaistraße 12**, nach 1717 erbaut. Im letzteren wurde 1723 der Nachlaß des bedeutenden sächsischen Gelehrten Ehrenfried Walther von Tschirnhaus (1651 – 1719) versteigert. Ein reich ornamentiertes

Portal aus den Jahren um 1570 hat das Renaissancegebäude **Nikolaistraße 10**. Am Ende der Straße steht als
nördlicher Stadtturm der **Nikolaiturm**. Seine erste Erwähnung geht auf das Jahr 1348 zurück. Die mächtigen Tor-
anlagen wurden 1848 beseitigt. In den vergangenen
Jahrzehnten stellte der Verein „Görlitzer Heimatforscher"
den Turm als Besichtigungsobjekt wieder her und erhielt
so einen Zeugen mittelalterlicher Befestigungskunst.

Vom Platz am Nikolaiturm führt die Bogstraße zur **Nikolaikirche**. Im Gelände, auf dem u.a. die Kirche steht,

Görlitz von Norden, um 1830 (Ausschnitt)

wird das 1071 erwähnte Dorf Goreliz vermutet. Ursprünglich war sie die älteste Kirche von Görlitz. Der heutige,
recht nüchterne Bau entstand zwischen 1452 und 1520.

Auf dem allmählich ansteigenden Gelände nördlich
der Kirche erstreckt sich der **Nikolaifriedhof**, eine reizvolle barocke Anlage mit zahlreichen Grufthäusern, vorzüglichen Grabsteinen, Epitaphien und Kunstschmiede-
arbeiten. Hier fanden u.a. der bedeutende Görlitzer
Philosoph Jacob Böhme (1575 – 1624), der Gesund-

heitserzieher Christian August Struve (1767 – 1807) und der Mitbegründer der Oberlausitzischen Gesellschaft der Wissenschaften, Karl Gottlob Anton (1751 – 1818), ihre letzte Ruhestätte. Hinter der nördlichen Grufthausreihe schließt sich der 1847 eingeweihte **Alte Städtische Friedhof** an. Seine Umfassungsmauern gestatten reizvolle Durchblicke auf die Stadt. Auf ihm sind bedeutende Görlitzer Persönlichkeiten bestattet, so der Regionalhistoriker Prof. Dr. Richard Jecht (1858 – 1945), der Görlitzer Turnlehrer Moritz Böttcher (1820 – 1907), Goethes

Peterskirche, um 1900

Freundin Minna Herzlieb (1789 – 1865), aber auch Görlitzer Oberbürgermeister, u.a. Gottlob Ludwig Demiani (1786 – 1846). Auf dem nur wenige Schritte entfernten **Neuen Städtischen Friedhof** steht das **Krematorium**, ein prächtiger Jugendstilbau aus dem Jahre 1913. Von hier aus bietet sich ein schöner Blick über die Stadt. Die hohe schlanke Turmspitze südlich des Krematoriums gehört zu einem besonderes interessanten Baudenkmal. In den Jahren 1465 bis 1504 entstand in Görlitz auf Grund

Oberlausitzer Gedenkhalle, um 1910

einer Sühnestiftung eine mittelalterliche Kopie des Heiligen Grabes von Jerusalem. Die Bautengruppe besteht
aus einer Doppelkapelle, dem Salbungshäuschen und
dem Heiligen Grab selbst. Dazu gehören im weiteren
Sinne der Prozessionsweg vom Brautportal der Peterskir-

che aus durch die Nikolaistraße und Lunitz bis zum Heiligen Grab sowie der Ölberggarten und der Bach Kidron (Lunitz). Die Anlage gilt als der älteste allegorische Landschaftsgarten Deutschlands. Der Weg zum Ausgangspunkt des Rundganges führt vorbei an der **Jägerkaserne**, die am höchsten Punkt der Altstadt in den Jahren 1854-58 für die preußische Garnison nach Berliner Vorbildern errichtet wurde.

Rundgang
durch die Viertel des 19. Jahrhunderts
– das Görlitzer Stadtzentrum

In der Grünanlage westlich des Theaters steht das 1862 von Johannes Schilling (1828 – 1910) geschaffene Denkmal für **Gottlob Ludwig Demiani** (1786 – 1846). Als geschickter und umsichtiger Kommunalpolitiker erwarb er sich um die Entwicklung der Stadt in der ersten Hälfte des 19. Jahrhunderts große Verdienste. König Friedrich Wilhelm IV. ernannte ihn anläßlich eines Besuches auf der Landeskrone zum ersten Oberbürgermeister.

Nur wenige Schritte entfernt erhebt sich der mächtige neogotische Bau der **Annenschule**. Er entstand im Jah-

Postplatz, südwestliche Bebauung, um 1900   71

Warenhaus „Zum Strauß" am Demianiplatz, 1913

re 1903 für das alte Zucht- und Waisenhaus. Zur Steinstraße hin schließt die **Annenkapelle** das Ensemble ab.
Sie wurde in den Jahren 1508 – 1512 als bürgerliche Pri-
vatkirche für den Kaufmann Hans Frenzel durch den
Stadtwerkmeister Albrecht Stieglitzer (? – 1514) errichtet.
Der plastische Schmuck des Bauwerkes gehört zu den
besten bildhauerischen Arbeiten, die Görlitz besitzt. Das
Nordportal an der Annengasse schmückt eine Verkündi-
gungsszene, und anstelle von Strebepfeilern an den
Chorpolygonen ist ein meisterhafter spätgotischer Figu-
renzyklus aufgestellt worden. Heute wird der Bau, im In-

Am Nikolaiturm

neren durch eine Zwischendecke geteilt, als Turnhalle
(Erdgeschoß) und Aula (Obergeschoß) für die Annenschule genutzt. Dem Gebäudeensemble gegenüber liegt
das **Staatliche Museum für Naturkunde** mit seinen reichen Sammlungen. Der stattliche Bau entstand 1859/60
auf Betreiben der 1823 begründeten Naturforschenden

An der Altstadtbrücke, um 1900

Gesellschaft zu Görlitz. Neben dem einstigen südlichen Stadttor steht der **Frauenturm,** für den sich im Volksmund die Bezeichung Dicker Turm durchgesetzt hat. Er wurde im Jahre 1305 erstmals erwähnt. In den vergangenen Jahrzehnten bauten Studenten der Fachschule für Elektronik und Informationsverarbeitung sein Inneres zum Studentenklub aus und bewahrten so einen Zeugen mittelalterlicher Befestigungskunst vor weiterem Verfall. Die Turmwand schmückt seit der Mitte des 19. Jahrhunderts das im Jahre 1433 durch Kaiser Sigismund Görlitz verliehene Stadtwappen, flankiert von Maria und der heiligen Barbara.

Der Platz vor dem Turm erhielt 1852 den Namen **Marienplatz** und war bis dahin als Taubenmarkt bekannt. Die sich östlich anschließende **Elisabethstraße** markiert den ursprünglichen Verlauf des Stadtgrabens. Mit dem

Postplatz, Kunstbrunnen, um 1900

Abbruch der alten Befestigungsanlagen im Jahre 1848 entstand sie als Boulevard.

Zu den bemerkenswerten Görlitzer Baudenkmalen jüngerer Geschichte gehört das **Karstadt-Warenhaus** an der Nahtstelle von Marien- und Demianiplatz. Es entstand in den Jahren 1912/13 nach den Plänen des Potsdamer Architekten Carl Schmanns und gilt heute als der einzige völlig erhaltene Nachfolger des Leitbaus früher deutscher Warenhausarchitektur, des Berliner Wertheim-

Schwarze Gasse um 1900

Warenhauses am Leipziger Platz, 1896/1904 unter Alfred Messel (1853 – 1909) erbaut. Neben der charakteristischen Fassadengestaltung fällt vor allem im Inneren die vorzügliche Lichthofarchitektur mit der bemalten Kuppel auf. Durch das Warenhaus und die umliegende Bebauung aus der zweiten Hälfte des 19. Jahrhunderts wird die

Frauenkirche in ihrer städtebaulichen Wirkung beeinträchtigt. Ihre Entstehung geht auf die Zeit nach 1349 zurück. Der heutige Bau, eine dreischiffige Hallenkirche, entstand in den Jahren 1459 – 1486 und ist eine der schönsten spätgotischen Raumschöpfungen in Görlitz. Bemerkenswert sind aber auch das westliche Doppelportal mit reichem plastischem Schmuck und das große Maßwerkfenster im Turm.

Einer der zentralen Plätze im Görlitzer Stadtzentrum ist der **Postplatz**. An seiner Stelle befand sich bis 1848 der Viehmarkt. Nach der Jahrhundertmitte erhielt der Platz seine heutige Gestalt. Für die nordwestliche Platzhälfte schuf 1887 Robert Toberentz einen Zierbrunnen aus carrarischem Marmor. Die bekrönende bronzene Figur, die sogenannte „Muschel-Minna", ging im Zweiten Weltkrieg verloren. Der markante platzbeherrschende nordöstliche Baublock, das ehemalige Viktoria-Hotel, ließ 1864 – 67 der Kaufmann Eduard Schultze errichten. Auf der südöstlichen Platzhälfte steht das **Postamt**. Es entstand

Elisabethplatz um 1900

Peterskirche von Osten, um 1900

im Jahre 1852 und wurde 1887 – 1889 unter Beibehaltung des Grundrisses grundlegend umgebaut. Mit dem halbkreisförmig umschlossenen Hof wurde eine besonders glückliche städtebauliche Lösung für den östlichen Teil des Postplatzes geschaffen. Bemerkenswert sind die allegorischen Figurengruppen in der Dachzone des Gebäudes. Der Künstler nahm bereits zu jener Zeit Bezug auf neueste technische Errungenschaften wie das Telefon. Gegenüber entstand in den Jahren 1864/1865 auf dem Gelände des ehemaligen Frauenhospitals in typisch preußischer Strenge das **Amtsgericht**. Unmittelbar daran schließt sich die **Sparkasse** an, 1912/13 auf dem Gelände des alten städtischen Krankenhauses erbaut.

Die ursprüngliche Zittauer Chaussee und direkte Verbindung zum Görlitzer Bahnhof ist die **Jacobstraße.** Ihren Namen verdankt sie dem bereits 1298 erwähnten Jacobshospital, das bis 1870 sich in Höhe des Wilhelmsplatzes an dieser Straße befand. Prächtige Wohnbauten aus dem letzten Jahrzehnt des 19. Jahrhunderts dokumentieren Reichtum und Wohlstand der Stadt und ihrer Bewohner zu jener Zeit. Der 1848 angelegte Neumarkt wird seit 1871 **Wilhelmsplatz** genannt. Seine Bebauung datiert in das letzte Drittel des 19. Jahrhunderts. Einziger öffentlicher Bau am Platz ist die frühere Luisenschule aus dem Jahre 1872/73, heute Gymnasium. In Höhe des Wilhelmsplatzes verbindet die **Straßburg-Passage** die Jakobstraße mit der Berliner Straße. Der formal maurisch beeinflußte Warenhaus-Komplex entstand im Jahre 1908 für den Kaufmann Otto Straßburg (1862 – 1941). Die nördliche Seite der Passage wurde in einem Labyrinth von Lichthöfen und Hallen durch den Kaufmann selbst betrieben, die südliche Seite nutzten Pächter für Kino, Weinstube u.v.a.m.

Gerberhäuser an der Neiße, um 1910

Die **Berliner Straße** war urspünglich ein Hohlweg. Dieser gewann mit der Errichtung des Bahnhofes auf dem Kießlerschen Grundstück an Bedeutung. Der Aufstieg zur Hauptgeschäftsstraße begann mit dem Bahnhofsumbau in den Jahren 1865/67. Zu den bemerkenswerten Bauten dieser Straße gehört u.a. die nach einem

Entwurf des Görlitzer Baumeisters Franz Grunert errichtete **Commerzbank** (Nr. 53). Ebenso von Interesse ist in einer nahen Seitenstraße der Handelshof, **Hospitalstraße 13/16**, ein Geschäftshaus aus dem Jahre 1925. Im Norden schließt diese Straße das **Hospital** mit seinem unregelmäßigen Bruchsteinmauerwerk ab. Es entstand in den Jahren 1860 – 1863 an der Kroelstraße. Nur wenige Schritte entfernt steht an der Jochmannstraße die Görlitzer **Stadtbibliothek**. Als eine der ersten Volksbüchereien und Lesehallen Deutschlands entstand sie 1907 durch Stiftung des Geheimen Kommerzienrates Otto Müller (1829 – 1908).

Eine der wichtigen Dominanten im Görlitzer Stadtbild ist die **Lutherkirche**. Der gediegene neoromanische Zentralbau wurde nach Plänen des Dresdener Architekten Fritsch im Jahre 1901 fertiggestellt. Das Standbild Martin Luthers am Haupteingang ist dem in Worms nachgestaltet. 1942 fiel es dem Metallbedarf der deutschen Rüstungsindustrie zum Opfer und konnte erst 1983 nach einem Neuguß wiederaufgestellt werden.

Kahnpartie auf der Neiße, um 1905

Die **Landskronstraße** und die **Löbauer Straße** sind sehenswerte geschlossene Straßenzüge des ausgehenden 19. Jahrhunderts. Die Fassade des Hauses **Löbauer Straße 7** schmücken die Porträtbüsten der Pioniere der Fotografie Henry Talbot, Jacques Louis Mande Daguerre und Joseph Niepce. Hier stand im Jahre 1896 die Wiege

Görlitz, Lithographie von Krischel, 1865

der weltberühmten Meyer-Optik. Das heutige Stadtzentrum wird nach Süden durch die Gebäude und Gleisanlagen der Eisenbahn abgeschlossen.

Der erste **Bahnhof** entstand im Jahre 1847 auf dem Gelände von Gustav Kießler, unmittelbar an der Jakobstraße. 1865/67 wurde er mit dem Bau der Berlin-Görlitzer-Eisenbahn zur heutigen Berliner Straße hin erweitert und mußte in den Jahren 1914/1917 einem vollständigen Neubau weichen. Das Architekturensemble, bestehend aus Hauptpost, Empfangsgebäude und Bahnverwaltungsbau, gilt als einer der vornehmsten deutschen Bahnhöfe der zwanziger Jahre unseres Jahrhunderts.

Sehenswert ist auch die wiederhergestellte Ausmalung der Schalterhalle.

Südlich des Bahnhofes erhebt sich auf einer kleinen Anhöhe der neogotische Bau der 1898/99 nach Plänen des Breslauer Architekten Ebers errichteten **Jacobuskirche**. Sie ist heute Prokathedrale der römisch-katholischen Kirche in der Görlitzer Administratur. In ihrer unmittelbaren Nachbarschaft findet sich die 1906 erbaute altlutherische **Kapelle zum Heiligen Geist**. Den Entwurf für den Bau lieferte der Lehrer der Görlitzer Baugewerbeschule Ernst Peschko, das Material wurde zum Teil vom Abbruch der alten, jenseits der Neiße stehenden Heilig-Geist-Kirche entnommen.

Die parallel mit dem Gleiskörper verlaufende Bahnhofstraße führt in östlicher Richtung zum **Blockhaus**. Es entstand im Jahre 1856 auf Grund einer Forderung des preußischen Kriegsministeriums zum Schutze des Neißeviaduktes, wurde jedoch nach seiner Fertigstellung als Gaststätte verpachtet. Von den Grünanlagen ist ein Blick

Stadtzentrum von Osten, um 1900

auf den **Viadukt** möglich. Das 475 Meter lange, dreißigbogige Bauwerk wurde für den Übergang der Niederschlesisch-Märkischen Eisenbahn in den Jahren 1845 bis 1847 durch den Görlitzer Maurermeister Gustav Kießler errichtet und gilt als einer der ersten großen deutschen Eisenbahnviadukte.

Eine medizingeschichtlich und städtebaulich interessante Anlage ist das Gebäudeensemble **Kahlbaum-Allee Nr. 17**. Im Jahre 1854 richtete dort der Arzt Andreas Reimer (1825–1906) die erste Fachklinik für Epilepsie der Welt ein. Straße und Fußweg der alten Promenade führen in die ausgedehnten Parkanlagen nahe der Neiße. Hier findet sich auch das **Jacob-Böhme-Denkmal**, das 1898 nach dem Modell von Johannes Pfuhl (1846 – 1914) gegossen wurde. Nur wenige Schritte davon entfernt steht das ehemalige **Haus für die Landstände der preußischen Oberlausitz** (Promenade 15). Das schloßartige Gebäude entstand in den Jahren 1853/1854 unter persönlicher Aufsicht Friedrich Wilhelms IV.

Für den Neubau einer **Synagoge** schrieb 1909 die jüdische Gemeinde einen Architekturwettbewerb aus. Der erste Preis ging an die bekannten Dresdner Architekten William Lossow (1852 – 1914) und Max Hans Kühne (1874 – 1942) und wurde bis 1911 an der Otto-Müller-Straße ausgeführt. 1938 nur leicht beschädigt und später zusehends verfallen, erfährt sie seit 1991 eine Restaurierung und wird zukünftig als Europäisches Bildungs- und Informationszentrum genutzt. In unmittelbarer Nachbarschaft steht die in den Jahren 1850/53 nach einem Entwurf des berühmten Berliner Baumeisters August Soller (1805 – 1853) errichtete katholische **Heilig-Kreuz-Kirche**. In der **Joliot-Curie-Straße,** ein bemerkenswerter Straßenzug mit landhausartiger Bebauung aus den sechziger Jahren des 19. Jahrhunderts (Nr. 9 und 10), sind auch qualitätvolle Bauten des Jugendstils mit reizvoller Ausstattung (Nr. 4 und 5) sehenswert. Unmittelbar daran schließt sich der **Stadtpark** an. Er ist eine der frühen kommunalen Stadtparkanlagen Deutschlands, im Jahre 1829 begonnen und 1854 weitgehendst fertiggestellt. Schattige Parkwege, botanische Besonderheiten und reizvolle Denkmäler lohnen einen Spaziergang. Die Neiße bildet die natürliche Grenze des Parkes. An ihren Ufern entstand in den Jahren 1906 bis 1910 nach Plänen des Architekten Bernhard Sehring (1855 – 1932) die **Stadthalle**. Sie und ihr Vorgänger waren Schauplatz der 1876 begründeten Schlesischen Musikfeste. Bis heute ist das Haus mit einer Kapazität von ca. 1700 Personen der größte Saal der Region. Über die ehemalige **Reichenberger Brücke**, heute Grenzübergang zur Republik Polen, gelangt man in die Oststadt. Das bedeutendste Bauwerk in diesem Teil der Stadt ist die **Oberlausitzer Gedenkhalle**. Sie entstand in den Jahren 1898-1902 nach Plänen des Görlitzer Baugewerkelehrers Hugo Behr „zur Verehrung der Begründer des deutschen Reiches Kaiser Wilhelm I. und Friedrich III." Als Kaiser-Friedrich-Museum war dieses Haus gleichzeitig Stätte Görlitzer Kunst- und Geschichtspflege. Heute dient es der Stadt Zgorzelec als Kulturhaus (Dom Kultury).

5 Das Görlitzer Hallenhaus

Görlitz hat den Vorzug, eine im Mittelalter angelegte Altstadt zu besitzen, die in ihrem Grundriß durch die nachfolgenden Generationen nur unwesentlich verändert wurde und von den Zerstörungen der Weltkriege verschont blieb. Bei einem Spaziergang durch ihre Straßen und Plätze wird der aufmerksame Betrachter die soziale Struktur des Gemeinwesens an Hand der Bauten, ihrer Größe, Ausstattung und Fassadenzier erkennen. Nur bruchstückartig fügen sich Überlieferungen und Belege aus Archivalien zu einem Bild über den Alltag im mittelalterlichen Görlitz. Eine der wichtigsten Quellen für eine solche Betrachtung sind die auf uns überkommenen Bauwerke, vornehmlich jene aus dem 15. und frühen 16. Jahrhundert. Die Landespolitik in dieser Zeit ermöglichte den Görlitzer Fernkaufleuten, ihre Handelsverbindungen in bedeutendem Maße, vor allem nach Südeuropa, auszubauen. Die Stadt besaß ohnehin im Durchgangsverkehr zwischen West- und Osteuropa, der seinerseits auch den sächsischen Zinn- und Silberbergbau berührte, eine Schlüsselstellung. Der Fernhandel mit Tuchen gehörte neben dem Warenumschlag bei der Färbepflanze Waid im ausgehenden Mittelalter zum wirtschaftlichen Rückgrat der Stadt. Die Tuchgroßhändler sicherten sich mit ihrem ökonomischen Potential Grundstücke an den durch Görlitz führenden Handelswegen. Abseits von diesen Verkehrsachsen hatten die Tuchmacher, Tuchscherer, Gerber und andere Handwerker ihre Wohn- und Arbeitsplätze. Seltener sind in diesen Gebieten Bauten zu finden, die in Größe und Grundrißgestalt von der üblichen Form des Handwerkerhauses ab-

weichen: Im Erdgeschoß ein Flur mit seitlichen Lagerge-
wölben, im Obergeschoß hof- und straßenseitig je ein
Raum, innenliegend eine dunkle Küche und das Treppenhaus.

An den Hauptzonen der alten Stadt, so am Ober- und
Untermarkt, der Brüderstraße, Neißstraße, Peterstraße
und Nikolaistraße, wird man dagegen einen anderen
Haustyp finden. Auffällig bei den meisten Häusern ist die
schmale, handtuchartige Form. Beim Durchschreiten des
Innenraumes ist man überrascht von der beträchtlichen
Tiefe der Grundstücke. Es sind ursprünglich Giebelhäu-
ser gewesen, wie es an den Fassaden der Gebäude Untermarkt 23 und Peterstraße 1 noch ablesbar ist. Wenngleich spätere Epochen diese spätmittelalterlichen
Bürgerhäuser im jeweiligen Zeitgeschmack umgestaltet
haben, so erhielten sich jedoch im Inneren die charakteristischen Elemente jener Hausanlagen. Auf diese ist
auch die Bezeichnung „Görlitzer Hallenhaus" zurückzu-
führen. Der Kaufmann wohnte nicht nur in diesen Gebäuden, er betrieb von dort aus seine Handelsgeschäfte ein-
schließlich der Lagerung der Waren, ja er ordnete es
seinen geschäftlichen Interessen unter. Diese funktionel-
len Zusammenhänge lassen sich an vielen dieser Häuser
nachvollziehen. Von der Straße aus gelangt man zunächst in eine weiträumige Erdgeschoßhalle, die mehrere Aufgaben zu erfüllen hatte. Den Planwagen diente sie
als Durchfahrt zu dem hofseitig gelegenen Wirtschaftstrakt, wo ein Großteil des Warenumschlags stattfand. Die
Erdgeschoßhalle wurde aber auch tagsüber für den klei-
neren Warenverkauf genutzt und ist wohl am Abend Stätte des Bierausschanks gewesen. Die Besitzer dieser
Häuser besaßen das Braurecht, ein besonderes Privileg,
von dem die Handwerker ausgeschlossen blieben. Je

nach dem Vermögen des Besitzers wurde die jährliche Anzahl der Brauvorgänge festgelegt. Für die Lagerung des Gerstensaftes waren die ausgedehnten und kühlen Kelleranlagen bestens geeignet. Eine solche ist heute im Haus Untermarkt 4, dem sogenannten „Goldenen Baum", als Gaststätte der Öffentlichkeit zugänglich gemacht worden. Interessant ist auch die Bautechnologie. In den Kellergewölben markieren sich deutlich die Brettschalungen, über die eine vermörtelte Bruchsteinpackung gelegt wurde. Als Arbeitsgerüst muß man sich das Erdreich vorstellen, das nach dem Abbinden des Mörtels aus dem nun gewonnenen Raum entfernt wurde. Der Zugang in die Keller liegt meist in der Erdgeschoßhalle.

Eine breite repräsentative Treppe führt in die im ersten Halbgeschoß beginnende Zentralhalle. Sie führt durch mehrere Geschosse des Hauses und ist fast immer überwölbt. Mit diesem Raum erhält die bürgerliche Hausanlage in Görlitz einen ganz eigenen Charakter. Von hier aus führt eine Treppe zu den straßenseitigen Räumen und zu den die Halle umlaufenden Emporen. Selbst der Aspekt der Wirtschaftlichkeit ist bei diesen Bauten berücksichtigt. Die Halle wird in der Regel nur durch ein Fenster in der Hoffront belichtet, was durch eine Staffelung des Baukörpers möglich wurde. Diese Staffelung belegt auch die besondere Funktion der Zentralhalle innerhalb des Gebäudes. Sie trennt die vordere von der hinteren Hauszone und vermittelt die zwischen beiden bestehende halbgeschossige Höhendifferenz. Dieser halbgeschossige Versatz ermöglicht eine sehr ökonomische Raumorganisation mit einer leichten Zugängigkeit der einzelnen Hausteile. Ein Blick auf den Schnitt durch das Haus zeigt an, daß die Halle auch für den vertikalen Lastentransport gedient haben könnte. Ihre Hauptfunktion dürfte jedoch die der Tuchhalle gewesen sein. Tuche wurden zu jener Zeit als verschnürte Ballen verkauft. Im Fernhandel spielte bei der Abwicklung der Geschäfte die Prüfung der Ware zur Feststellung ihrer Qualität und letztlich auch ihres Preises eine große Rolle. Das Abrollen der Tuchbahnen könnte über die Galerien der Zentralhalle vorgenommen worden sein.

Die repräsentativen Räume des Hauses sind von der Zentralhalle direkt erreichbar. In gleicher Ebene befindet sich hofseitig eine große, saalartige Stube, die als eine Art Wohn- und Empfangsraum gedient haben könnte. In vielen Gebäuden weisen diese Räume eine bemalte Holzbalkendecke auf, und auch so manches Detail der Innenausstattung ist erhalten geblieben. Einige Gebäude weisen einen benachbarten schmalen Raum auf. Ein besonders interessantes Beispiel ist das mit reicher bildhafter und architektonischer Ausmalung versehene Spitztonnengewölbe im Haus Untermarkt 5. Der Hausherr Hans Frenzel hat sich hier wohl um 1500 einen privaten Andachtsraum schaffen lassen, der sein Tageslicht über ein Vorhangbogenfenster in der Hoffassade empfängt. Letzteres macht die Verbindungen zur Albrechtsburg Meißen und zu deren Baumeister Arnold von Westfalen bzw. Conrad Pflüger deutlich. Der Görlitzer Rat beauftragte am Ende des 15. Jahrhunderts den berühmten obersächsischen Werkmeister Pflüger u.a. mit der Einwölbung der Peterskirche. Eine mögliche Beteiligung am Umbau von Bürgerhäusern läßt sich für ihn in den Archivalien jedoch nicht nachweisen. Auch in den der Straße oder dem Markt zugewandten Räumen sind Wohnfunktionen zu vermuten. Die „schwarze Küche" hingegen lag im Hausinneren und besaß kein Fenster.

Die eigentliche Handelsstube befand sich unmittelbar über dem hofseitigen Wohnbereich. Von hier aus konnte der Hausherr mühelos die Vorgänge in der Erdgeschoß- und Zentralhalle sowie im Wirtschaftstrakt übersehen. Im Haus Untermarkt 5 bezeichnet jenen Raum ein spätgotisches Fenstergewände mit einem Konsoltischchen.

Der Typ des spätgotischen Hallenhauses hat sich mit geringen Unterschieden u.a. in den Häusern Untermarkt 4 und 5, Peterstraße 14, Neißstraße 26 und 29 erhalten. Nach Bränden und Katastrophen sind mitunter mehrere Grundstücke beim Wiederaufbau zusammengelegt worden, so daß sich Wandlungen in der ursprünglichen Form ergaben, wie es z.B. bei den Häusern Brüderstraße 8 (Schönhof), Peterstraße 8 oder auch Untermarkt 22 und 25 der Fall ist. Eine quergelagerte Haushalle ist im Haus Peterstraße 16 zu finden. Selbst an Barockbauten, wie am Obermarkt 29, kann die ursprüngliche Form abgelesen werden. Das Görlitzer Hallenhaus dokumentiert die ökonomische Kraft des Patriziats der Stadt. Solch ein bürgerliches Wohn- und Geschäftshaus ist weder in dieser Ausprägung noch in solcher hohen Anzahl in einer anderen Stadt anzutreffen.

Liebespaar, Plastik an der Waage

Fernsicht auf Görlitz von Nordwest, Aquarell, anonym, um 1800

Jonas Roskopf, Plastik an der Waage

94

6   Das Biblische Haus

Die wirtschaftliche Blüte von Görlitz im ausgehenden 15. und im 16. Jahrhundert hat deutliche Spuren im Stadtbild hinterlassen. Wie in kaum einer anderen Stadt prägen Bauten der Spätgotik und Renaissance das Bild ihrer Straßen und Plätze. Großzügige Anlagen und eine reiche Ausstattung charakterisieren die Kaufmannshäuser jener Zeit. Zu den bedeutendsten Bürgerbauten der deutschen Renaissance zählt das „Biblische Haus". Es entstand in einer Zeit, als Görlitz den Höhepunkt seiner wirtschaftlichen und politischen Macht bereits überschritten hatte, und es war auch kein Görlitzer Kaufmann, sondern der Weimarer Waidhändler Hans Heinze, der das Haus von Grund erneuern und 1570 fertigstellen ließ. Berühmt wurde das Gebäude vor allem durch seinen reichen Fassadenschmuck. Die Felder der Fensterbrüstungen schmücken in Sandstein gehauene Szenen des alten und neuen Testaments. Im ersten Obergeschoß sind von links nach rechts die Erschaffung der Eva, der Sündenfall, Abrahams Opfer, der Empfang der zehn Gebote durch Moses und die Errichtung der Ehernen Schlange zu sehen. Das zweite Obergeschoß zeigt die neutestamentarischen Szenen Verkündigung Mariä, die Geburt Christi, dessen Taufe im Fluß Jordan, das heilige Abendmahl und die Kreuzigung Christi. Eine solch reiche bildhauerische Arbeit ist einmalig für Görlitz, und auch anderenorts sind Beispiele für eine solche Fassadengestaltung selten, so am Erfurter „Haus zum Breiten Herd" (1584), am Brieger Schloßtorbau (1552/53) oder am Edelmannschen Palais in Olmütz (1576). Gerade letzteres weist interessante Parallelen auf. Als Schöpfer der

Olmützer Reliefs ist Michael Kramer belegt. Dieser entstammte einer in der Werkstatt von Hans Walther geschulten Dresdener Bildhauerfamilie. Bei dem in den Olmützer Archivalien aufgefundenen Namen „Hans von Görlitz" könnte es sich um seinen Bruder handeln, dem die Reliefs am Biblischen Haus zugewiesen werden. Dieser erwarb als „Hans Cromer von Dresen, der bilthauer" am 27. Oktober 1590 für 4 Schilling das Bürgerrecht.

Die Fassade ziert ein prächtiges, säulenflankiertes Portal mit einem aus dem Gebälk ragenden Gaffkopf. Das Innere birgt eine malerische Treppenhalle, die sich in ihrer Enge deutlich von denen des frühen 16. Jahrhunderts in Görlitz abhebt. Ein steinernes Brüstungsgitter aus dem Hause, eine qualitätvolle Hochrenaissancearbeit, wird in den Ausstellungsräumen des Kaisertrutzes (Städtische Kunstsammlungen Görlitz) bewahrt. August der Starke, Kurfürst von Sachsen und König von Polen (1670-1733), stieg im Jahre 1699 auf einer seiner Reisen in diesem Hause ab.

Als eines der ersten Häuser der Görlitzer Altstadt wurde das Biblische Haus nach dem Zweiten Weltkrieg von den störenden Überbauungen des 19. Jahrhunderts befreit und wiederhergestellt. Die mangelnde Baupflege in den vergangenen Jahrzehnten hat jedoch den Bestand des Hauses akut gefährdet. Gemeinsam mit dem Aktionskreis zur Rettung der Stadt Görlitz und der Barmer Ersatzkasse bemühen sich Baufachleute und Kommunalpolitiker um die Erhaltung dieses einmaligen Denkmals deutscher Renaissancearchitektur.

Biblisches Haus, Reliefszene Abrahams Opfer

Biblisches Haus, Reliefszene Sündenfall

7   Das Rathaus

Für den böhmisch-schlesischen Marktplatz gilt als ein Merkmal ein mittig gestellter Baublock, der vielerorts das Rathaus aufnimmt. Solche Beispiele finden wir in Breslau, Bunzlau, Olmütz, Zittau, aber auch in Görlitz. Hier jedoch wurde davon abweichend in der Mitte des 14. Jh. das Rathaus an der westlichen Marktfront eingerichtet. Die Zeile, so die Bezeichnung für das Gebäudeensemble in der Mitte des Untermarktes, blieb den Krämern vorbehalten.

Der älteste Teil des Rathauses ist der Turm mit dem nördlich sich anschließenden Gebäude. Erstmals erwähnt wird es im Jahre 1369. Auch von einem Tanzhaus, das an der Brüderstraße stand, berichtet die Chronik. Ei-

Neptunbrunnen, Untermarkt

ne wesentliche Erweiterung erfolgte 1450 mit dem Ankauf des Hauses Untermarkt 7, was auch eine Vergröße-
rung des Ratssitzungsraumes nach sich zog. In diesem
Gebäude fand die Münze ihre Heimstatt. Der Turm, 1378
erstmals erwähnt, erhält in den Jahren 1511/16 durch
Stadtwerkmeister Albrecht Stieglitzer (? – 1514) eine Höhe von etwa 60 Metern, „damit man die Stadt und alle
Straßen eigentlich besichtigen und bewachen mocht".
Nach einem Blitzschlag im Jahre 1743 ließ der Rat ihn
durch den Ratsbaumeister Samuel Suckert (1683 – 1758)
in barocken Formen erneuern. 1584 brachte der bedeutende Astronom, Mathematiker und Kartograph Bartholomäus Scultetus (1540 – 1614) am Turm die beiden Uhren
an und führte gleichzeitig in der Oberlausitz die Grego-
rianische Kalenderreform ein. Die untere, eine Normaluhr
mit zwölfteiligem Ziffernblatt, trägt in ihrer Mitte einen be-

Biblisches Haus, Portalfigur

helmten Kriegerkopf, der einst mit dem Pendelschlag seine Augen rollen ließ und heute noch zu jeder Minute seine Kinnlade klappen läßt. Die darüberliegende dreißigphasige Uhr zeigt Mondphase und Tagesstunde an.

Seit 1488 ziert die Turmwand zur Brüderstraße das prächtige Wappen des Königs von Ungarn und Böhmen Matthias I. Corvinus (1443 – 1490). Die Gestaltung der Gebäudeecke zwischen Turm und Tanzhaus wird 1537/38 dem Stadtwerkmeister Wendel Roskopf d. Ä. (um 1480 – 1549) in Auftrag gegeben. In selten schöner Harmonie schwingt sich die Rathaustreppe zu dem prächtigen Portal und der Verkündkanzel empor. Die plastischen Arbeiten sind möglicherweise von dem Breslauer Andreas Walther I. geschaffen. 1591 wurde das Ensemble durch die Justitia, auf einer Kandelabersäule stehend, vollendet. Dieses dem Dresdener Bildhauer An-

Steinplatte in der Verrätergasse

dreas Walter III. zugeschriebene Kunstwerk wurde im Zweiten Weltkrieg abgebaut und in einem Ort jenseits der Neiße deponiert. In den Nachkriegswirren gingen beide Teile dort verloren, und so schuf 1952 der Dresdener Bildhauer Werner Hempel (1904 – 1980) für diese plastischen Werke Kopien, gleichfalls für die durch Witterung stark angegriffenen Brüstungsfelder der Treppe und der Kanzel.

Der Hof des alten Rathauses birgt mit dem 1534 von Wendel Roskopf d. Ä. errichteten Archivflügel eine der besten Leistungen Görlitzer Frührenaissance. Vom Südflügel ragt, gestützt auf zwei mächtige Säulen, der 1564 von Wendel Roskopf d. J. errichtete Gerichtserker in den Hof hinein. Die schmale Arme-Sünder-Treppe windet sich in das erste Obergeschoß des Gebäudeteiles. Im gegenüberliegenden Erdgeschoß befanden sich Gefängniszellen und die Folterkammer.

Das Haus Untermarkt 8 gehört seit 1847 zum städtischen Grundbesitz. Mit dem Bau des neuen Rathauses 1902/03 erfährt dieses Renaissancebürgerhaus einen tiefgreifenden Umbau im Inneren, so daß heute nur noch die Fassade und insbesondere das 1556 datierte Portal mit seinem charakteristischen Gaffkopf von der alten Pracht zeugen. Dem Rathausneubau fielen die „Pilzläuben" zum Opfer. Die barocküberformten Bauten dürften in ihrem Kern wenigstens auf das späte 15. Jahrhundert zu datieren gewesen sein. Darauf weist auch der Fund eines Wandbildes während der Abbrucharbeiten hin. Der Neorenaissancebau beherrscht heute die nordwestliche Platzhälfte und überragt die benachbarte Bausubstanz um mehrere Etagen. Die reich verzierte Fassade zeigt die Wappen von Bautzen, Zittau, Löbau, Kamenz und Lauban.

Ratsapotheke, Untermarkt

Von der prachtvollen Innenausstattung des alten Rathauses ist besonders das Ratssitzungszimmer zu erwähnen. Seinen Eingang bildet ein gotisches Portal, geschmückt durch ein von Engeln flankiertes Schweißtuch der Veronika und eine Schrifttafel. Die lateinische Inschrift rät „Wenn du als Ratsherr um deines Amtes willen das Rathaus betrittst, so laß vor dieser Tür alle persönlichen Stimmungen beiseite: Zorn, Gewalt, Haß, Freundschaft, Schmeichelei und dergleichen. Denn ebenso wie du über andere ein billiger und unbilliger Richter sein wirst, so mußt du das Gericht Gottes erwarten und über

102

dich ergehen lassen." Die Ausstattung des Raumes schufen im Jahre 1564/66 Franz Marquirt und Paul Riese. Neben der Vertäfelung ist dies insbesondere das hölzerne, aufwendig gestaltete Prachtportal, flankiert von ionischen Säulen mit Skulpturen der Justitia und der Allegorie der Religion. Auch die 1568 geschaffene Decke im Arbeitsraum des Stadtarchivs, dem ehemaligen Prätorium, stammt von Franz Marquirt. Der weithin bekannte Kunsthistoriker Wilhelm Lübke (1826 – 1893) besichtigte sie anläßlich eines Besuches in Görlitz und zeigte sich von deren Qualität außerordentlich beeindruckt. Zu erwähnen ist noch das Amtszimmer des Oberbürgermeisters, auch Königszimmer genannt, dessen Decke eine schöne Stuckzier aus dem Jahre 1670 besitzt. Eine Gipsabformung der 1743 durch den Sorauer Friedrich Körner

Portal des Hauses Neißstraße 19

gegossenen Glocke des Turmes findet man auf dem Wege zum Ratsarchiv im Gerichtserker. Ihr Orginal fiel 1917 dem Ersten Weltkrieg zum Opfer. Das Bauensemble des Görlitzer Rathauses besitzt keine Einheitlichkeit, sondern ist in den Jahrhunderten schrittweise gewachsen und somit durch verschiedene Stilepochen geprägt. Eine Vielzahl baugeschichtlicher Fragen sind noch zu klären, ehe sich nach einer umfassenden Restaurierung das Rathaus in seiner alten Schönheit präsentieren kann.

8 Görlitzer Kirchen

Görlitz besitzt eine stattliche Anzahl an Kirchen. Sie prägen mit ihren vielgestaltigen Türmen die Silhouette der Stadt. Die kulturgeschichtliche Bedeutung der Görlitzer Sakralbauten ist weit über die Grenzen der Region hinaus bekannt.

Die älteste unter ihnen ist die **Nikolaikirche**, wenngleich sie ihre heutige Gestalt erst im späten 15. bzw. 16. Jahrhundert erhielt. Ihr erster Bau wird mit der Erwähnung der „villa Goreliz" im Jahre 1071 in Verbindung gebracht. Das Bistum Meißen soll auf jenem Gelände um 1100 die erste Nikolaikirche errichtet haben, ihre Ersterwähnung fällt jedoch erst in das Jahr 1298. Zu dieser Zeit liegt die Nikolaikirche bereits außerhalb der Mauern der Stadt. 1452 wird der Grundstein für einen neuen Bau gelegt, jedoch gerät dieser durch die zeitgleichen Arbeiten an der Peterskirche deutlich in Verzug und kann erst 1516 fortgesetzt werden. Wendel Roskopf d. Ä. hatte bis zu einem Bauunglück im Jahre 1519 die Bauleitung inne. Bei ihrer Einweihung im Jahre 1520 ist die Nikolaikirche jedoch noch nicht fertig. 1582 wird von einer neuen Deckung des Daches berichtet. Die Stadtbrände 1642 und 1717 vernichteten die Kirche und ihre Ausstattung. Beim letztenWiederaufbau verzichtete man auf das Gewölbe und zog an Stelle dessen eine mit perspektivischer Malerei versehene Bretterdecke ein. 1925/26 wurde die Kirche nach Plänen des Frankfurter Stadtbaudirektors Elsasser nochmals umgebaut und als Denkmal für die Gefallenen im Ersten Weltkrieg hergerichtet. Die künstlerische Ausmalung übernahm Prof. Schröder. Die örtliche Bauleitung lag in den Händen des

Architekten Gerhard Röhr (1859 – 1930). Mit dem Einbau eines Rabitzgewölbes verlor die Kirche ihre gute Akustik, so daß sie heute nur noch als Friedhofskapelle im weiteren Sinne genutzt werden kann.

In der ersten Hälfte des 13. Jahrhunderts ließen sich um den südlich des Lunitztals gelegenen Burgberg zugewanderte fränkische und thüringische Bauern nieder. In unmittelbarer Nachbarschaft zu dem einstigen Verwaltungssitz des böhmischen Vogtes entstand für diese städtische Siedlung wohl zwischen 1225 und 1235 eine dreischiffige Basilika, der Vorgänger der heutigen **Pfarrkirche St. Peter und Paul**. Von diesem Bau hat sich ein prächtiges, vierfach gestaffeltes Portal in einem wuchtigen spätromanischen Westriegel erhalten. Bei den archäologischen Ausgrabungen der Jahre 1981 – 1987 sind durch zahlreiche Befunde wichtige Erkenntnisse zu Form und Gestalt dieser ersten Kirche gesammelt worden. Im Jahre 1372 ist erstmals das Doppelpatrozinium St. Peter und Paul urkundlich erwähnt, und 1394 plante der nur kurze Zeit in Görlitz regierende Sohn Kaiser Karls IV., Johann Herzog von Görlitz (1370 – 1396), die Gründung eines Kollegiatstiftes oder Kapitels. Sein früher Tod und seine politische Unfähigkeit ließen das Projekt scheitern. Die gewachsene wirtschaftliche Kraft und weitgehende politische Freizügigkeit der Oberlausitzer Städte legten die Grundlagen für eine Bautätigkeit, die u.a. auch vom Streben der Städte um Vormachtstellung gekennzeichnet war. 1423 wurde der Grundstein für den Neubau der Kirche gelegt. Begonnen wurde mit der Kapelle des heiligen Georgs und dem Chor östlich des romanischen Baus. Der Hussitenkrieg verzögerte zunächst den Fortgang der Arbeiten. Bei einem Bauunglück im Jahre 1454 rutschte der brüchige Fels den Osthang hinab und machte den Einbau mächtiger Konstruktionen zur Verbesserung der Stabilität erforderlich. Sie erinnern an die Bauwerke der Erfurter Domterrasse. In den folgenden Jahren belegen Nachrichten den Bautenstand. 1466 dürften Unterkirche und Chor weitgehend fertiggestellt gewesen sein. Die zunächst als dreischiffige Halle geplante Kirche erfuhr in der Bauzeit eine Erweiterung um ein nördliches und ein südliches Schiff. Dies läßt sich an zwei bereits angelegten Fenstern in der Arkadenwand zum nördlichen Seitenschiff nachvollziehen. 1491 beauftragte der Görlitzer Rat den sächsischen Werkmeister Conrad Pflüger gemeinsam mit seinen Parlieren Blasius Börer und Urban Laubanisch mit Arbeiten am Nordschiff. Vier Jahre später begannen sie mit der Einwölbung der Kirche. Der Bau fand im Jahre 1497 mit seiner Weihe einen Abschluß.

Die Georgenkapelle, auch Krypta oder Unterkirche genannt, ist einer der schönsten spätgotischen Räume Deutschlands. Es handelt sich hier um eine dreischiffige, mit Springgewölben bedeckte Halle. Ihr Grundriß wiederholt sich in dem darübergelegenen Chor der Peterskirche. An der Westwand der Krypta wurde bei Instandsetzungsarbeiten nach dem Zweiten Weltkrieg ein Wandgemälde aus der Zeit um 1510, Christus und die 12 Apostel darstellend, aufgedeckt.

Der Stadtbrand im Jahre 1525 beschädigte die Kirche, jener von 1691 vernichtete ihre gesamte Ausstattung. Einzig das von Hans Mantler geschaffene Taufgitter aus dem Jahre 1617 hat sich aus der Zeit vor dem Brand erhalten. 1693 erhielt die Kirche eine in üppigen Barockformen gehaltene Kanzel. 1695 folgten der marmorierte Altar von George Heermann und das Ratsgestühl. 1703 vollendete Eugenio Casparini seine Orgel. Der Görlitzer

Bildhauer Johann Conrad Büchau schuf dazu das Prospekt. Die strahlenförmige Anordnung einer zwölfstimmigen Pedalmixtur hat dem Instrument den Namen Sonnenorgel eingebracht. Caspar Georg Rodewitz (1679 – 1721) stattete die Kirche im Jahre 1717 mit einem prunkvollen Beichtstuhl aus. Zwei weitere, jedoch ältere Beichtstühle finden sich in den Nebenapsiden des Chores. Neben drei Kronleuchtern (1705, Nürnberg) und einigen Barockepitaphen im Nordschiff ist noch auf das einzige erhaltene Fenster mit Farbverglasung aus dem Jahre 1893 hinzuweisen. Das Gestühl der Kirche geht auf die erste Hälfte des 19. Jahrhunderts zurück. In den Jahren 1889 – 1891 wurden unter Leitung des Görlitzer Stadtbaumeisters Oskar Kubale auf den Turmunterbauten neogotische Turmgeschosse und -helme aus Stampfbetonstein aufgeführt. Die Sprengung der Altstadtbrücke in den letzten Tagen des Zweiten Weltkrieges beschädigte die Kirche. Besonders betroffen waren Fenstermaßwerke und die Verglasung. Nach einigen notdürftigen Reparaturen wurde die Restaurierung und Rekonstruktion der Kirche, beginnend mit der Krypta, in Angriff genommen. In den Jahren 1978 – 1981 erfolgte die äußere Instandsetzung und anschließend bis zur feierlichen Wiedereinweihung am 24. Mai 1992 die Gesamtrestaurierung des Innenraumes sowie des Inventars nach denkmalpflegerischen Gesichtspunkten.

Die **Dreifaltigkeitskirche** am Obermarkt geht in ihrem Ursprung auf eine Mönchskirche aus dem 13. Jahrhundert zurück. Fast zeitgleich mit dem ersten Bau der Peterskirche errichteten die Franziskaner bald nach ihrer Klostergründung von 1234 eine einfache Saalkirche mit Chor und Apsis, von der sich zwei Säulen mit Kapitellen am Triumphbogen des heutigen Baus erhalten haben. In den Jahren zwischen 1371 bis 1381 wurde ein Chor angefügt, der in seinen Formen das früheste Denkmal gotischer Baukunst in Görlitz darstellt. Gleichzeitig entstand der seitlich gestellte schlanke Glockenturm.

Bei den Umbauten der Kirche in der zweiten Hälfte des 15. Jahrhunderts entstand die Barbarakapelle. Sie besitzt nur zwei Joch Länge sowie im Osten und Westen je eine Apsis mit 3/8 Schluß. Das ursprünglich nur flachgedeckte Langhaus erfuhr seine Einwölbung möglicherweise durch Conrad Pflüger. 1508 wurde der Westgiebel aufgeführt. Mit der Öffnung des aufgestockten Kreuzganges zur Barbarakapelle und zum Langhaus erhielt die Kirche eine Art Seitenschiff und Emporen. In der Orientierung auf die Kanzel an der Nordwand des Langhauses nahm so der Raum mehr den Charakter einer Predigtkirche an. Mit der Einführung der Reformation verlor der Franziskanerorden rasch an Lebenskraft. Der letzte Mönch, der Altenburger Urban Weißbach, übergab Kloster und Kirche der Stadt Görlitz unter der Bedingung, in den Mauern eine Schule einzurichten, was auch 1565 mit der Gründung des Gymnasiums im Kloster geschah. In der Kirche wurde erst wieder nach dem Dreißigjährigen Krieg regelmäßig Gottesdienst abgehalten. 1715 wurde sie der Heiligen Dreifaltigkeit geweiht.

Die Kirche birgt eine Reihe wertvoller Denkmale sakraler Kunst. So hat sich im Chorraum ein Mönchsgestühl aus dem Jahre 1484 erhalten. Über dessen Baldachin ist die Ordenschronik der Franziskaner niedergeschrieben. 1713 schuf Caspar Gottlob Rodewitz seinen Hochaltar mit der vollplastischen Gruppe „Christi Gebet am Ölberg". Es ist das Hauptwerk des bei Balthasar Permoser (1651 – 1732) geschulten Künstlers und die qualitätvollste Leistung barocker Bildhauerkunst in Görlitz. Durch den architektonischen Aufbau des Altars wird das durch die Chorfenster einfallende Licht einfühlsam in die Gestaltung der biblische Szene einbezogen. In der Barbarakapelle finden sich weitere Kostbarkeiten. Die Grablegungsgruppe schuf 1492 Hans Olmützer im Auftrage Georg Emmerichs. Sie ist im Grunde ein um drei Personen erweitertes Vesperbild. Die im Zweiten Weltkrieg ausgelagerte und danach verschollene Gruppe kehrte 1962 aus Polen an ihren alten Standort zurück.

Zu den bedeutendsten spätgotischen Kunstwerken in Görlitz zählt der Wandelaltar „Goldene Marie". Seine Entstehung muß in das beginnende 16. Jahrhundert verlegt werden. Zur weiteren Ausstattung des Raumes gehören noch ein um 1500 entstandener „Christus in der Rast" und ein Epitaph von Franz Han aus dem Jahre 1524. Zu erwähnen ist auch der Grabstein für den bedeutenden Stadtpolitiker Johannes Frauenburg (1430 – 1495). Die Kanzel im Hauptschiff gilt als Görlitzer Kunstschreinerarbeit aus dem Jahre 1670. Hinzuweisen ist noch auf die Gewölbemalereien der zweiten Hälfte des 15. Jahrhunderts im ehemaligen Kreuzgang. Das Engelskonzert mit zahlreichen mittelalterlichen Musikinstrumenten ist kunst- wie musikgeschichtlich von großem Interesse.

Die Entstehungsgeschichte der **Frauenkirche** ist eng mit den Auseinandersetzungen der Görlitzer Bürger mit den ihr Unwesen treibenden Raubrittern verbunden. Im Jahre 1349 überfiel Nitsche von Reckwitz, ein Lehensmann Friedrichs von Biberstein, Görlitzer Kaufmannszüge. Die Görlitzer führten daraufhin Beschwerde beim Bibersteiner. Jener aber rächte sich zusammen mit seinem Lehensmann und überfiel die Görlitzer bei ihrer Rückkehr in die Stadt. In dem blutigen Handgemenge starben sieben Bürger. Diese Tat mußte Friedrich von Biberstein mit

200 Schock böhmischer Groschen, die zur Erbauung des Frauenhospitales und dessen Kirche verwandt wurden, sühnen. Die erste, offenbar hölzerne Kirche muß wohl bald danach gestanden haben. Gut hundert Jahre später wurde dieser Bau niedergerissen, und 1459 soll der Grundstein für eine dreischiffige, wohlproportionierte Hallenkirche mit ausgeschiedenem Chor gelegt worden sein. 1473 wurde die Frauenkirche geweiht. Eine zweite, endgültige Weihe ist für das Jahr 1486 belegt. Hervorzuheben sind die vorzüglichen Steinmetzarbeiten in der Frauenkirche. Sie gehören wohl zu den schönsten, die spätgotische Bauhandwerker in der Oberlausitz geschaffen haben. Insbesondere sind die große Maßwerkrosette und das aufwendige gotische Doppelportal in der Turmfront zu nennen. Der zur Kirche gehörende Friedhof wurde mit der Ausdehnung der Stadt in der zweiten Hälfte des 19. Jahrhunderts überbaut und ist heute nur noch in Resten am Chor sichtbar. Mit der Errichtung des Warenhauses im Jahre 1913 hat die Frauenkirche an städtebaulicher Wirksamkeit verloren.

In der Reihe der mittelalterlichen Kirchenbauten muß auch die **Auferstehungskirche in Weinhübel** erwähnt werden. Weinhübel, ehemals Leschwitz, wurde 1949 in das Stadtgebiet von Görlitz eingemeindet. Die erste urkundliche Erwähnung der Dorfkirche datiert in das Jahr 1337. Typologisch verweist der Grundriß auf eine romanische Saalkirche. Der heutige Bau dürfte das Ergebnis eines Umbaus aus der Mitte des 15. Jahrhunderts sein. Die Ausstattung ist vorwiegend barock, so z.B. der Altar des Bildhauers Jacob Riese aus der Zeit um 1690 oder ein Taufengel um 1700.

Der erste katholische Gottesdienst nach der Reformation wurde in Görlitz im Dezember 1829 gehalten. Ein

Raum in der Krischelstraße diente zu jener Zeit als Kapelle. Bereits 1836 berichtete die Stadtchronik von den Bemühungen der Gemeinde, anstelle jener Kapelle nach dem Ankauf von zwei weiteren Grundstücken eine eigene Kirche zu errichten. Dementgegen entstand jedoch auf diesen Grundstücken das Mädchenschulgebäude Fischmarkt 6, die heutige Musikschule. Auch in den folgenden Jahren fand das Begehren der katholischen Gemeinde beim Görlitzer Magistrat kein Gehör. Erst als der preußische Staat sich mit einer entsprechenden Verfügung für die Errichtung der Kirche einsetzte, konnte an der Webertorstraße 1845 von Alexander Struve ein Grundstück erworben und 1850 der Grundstein für die **Heilig-Kreuz-Kirche** gelegt werden. Johann August Soller (1805 – 1853), Schüler Schinkels und in der Berliner Oberbaudeputation für das Ressort Kirchenbau verantwortlich, fertigte den Entwurf in den bekannten kühlen Formen des preußischen Einheitstyps. 1853 wurde die Kirche konsekriert. Auch der zweite nachmittelalterliche Kirchenbau in Görlitz wurde im Auftrage der römisch-katholischen Kirche ausgeführt. Wiederum wurden zunächst Anträge an den Magistrat zur Überlassung eines Bauplatzes in den Jahren 1892 und 1895 abschlägig beschieden. Im Jahre 1896 erhielt dann die Gemeinde südlich des Bahnhofes an der Sattigstraße einen Bauplatz, wenngleich sich der Standort durch die starke Geländebewegung als schwierig erwies. Mit den Entwurfsarbeiten wurde der Diözesan-Baumeister, Baurat Ebers, betraut. Im Januar 1898 konnte der Grundstein für den schlichten neogotischen Bau gelegt werden, und im Oktober des Jahres 1900 erfolgte die Konsekration der **St. Jacobus-Kirche** durch den Weihbischof der Diözese Breslau, Heinrich Marx. Am 6./7. Mai 1945 wurde das

Bauwerk durch Artilleriebeschuß schwer getroffen. Die Schäden an Dach, Turm und Orgel konnten in den folgenden Jahren beseitigt werden. Den Abschluß bildete eine Neugestaltung des Innenraumes unter Leitung des Kunstmalers Brückner-Fullrodt in den Jahren 1958/59. Mit einem päpstliche Dekret wurde 1973 die St.Jacobus-Kirche zur Prokathedrale erhoben.

Auch die evangelische Gemeinde geriet mit wachsender Bevölkerungszahl zunehmend in Platznöte. Bereits in den sechziger Jahren drang der bekannte Baumeister Gustav Kießler darauf, in der Planung des neuen nördlichen Stadtviertels einen Bauplatz für die Kirche zu reservieren. Sein Vorschlag, dafür das Gelände des späteren Dresdner Platzes zu nutzen, sollte 1901 mit dem Bau der **Lutherkirche** Bestätigung finden. Die Pläne für den neoromanischen Zentralbau fertigte der Dresdner Architekt Fritsch, wobei das Vorbild in einem Wettbewerbsentwurf des Berliners Reinhardt für die Reformierten Kirchen in Dresden und Leipzig aus dem Jahre 1896 zu finden ist.

Für den Neubau der alten Neißebrücke im Jahre 1907 mußte bald nach der Jahrhundertwende die **Heilig-Geist-Kirche** am Ostufer der Neiße abgebrochen werden. Baumaterial und Teile des Inventars gingen in der 1906 eingeweihten altlutherischen „Kapelle zum Heiligen Geist" an der Sattigstraße auf. Den im nordisch-romanischen Stil gehaltene Entwurf für diesen Bau lieferte der Görlitzer Baugewerkschullehrer Ernst Peschko.

Während 1901 die evangelische Gemeinde mit der Lutherkirche im dichtbesiedelten nördlichen Stadtgebiet ihr Gotteshaus erhalten hatte, drängten sich in der Südstadt die Gläubigen sonntags in den „Konkordiasaal", ein früheres Vergnügungslokal. So reifte auch hier bald der Wunsch nach einem eigenen Kirchenbau. Spenden von

Gemeindegliedern, so u.a. vom Kommerzienrat Richard Raupach (1851 – 1921) bildeten eine erste finanzielle Grundlage für den Bau der **Kreuzkirche** an der Erich-Mühsam-Straße. 1909 schuf der Kirchenälteste und Architekt Gerhard Röhr einen ersten Vorentwurf, der die Grundlage für den 1910 in weiten Teilen Preußens und Sachsens ausgeschriebenen Architekturwettbewerb bildete. 109 Arbeiten wurden einer hochrangigen Kommission vorgelegt. Jedoch kein Preisträger, sondern der zum Ankauf empfohlene Entwurf des Dresdener Architekten Rudolf Bitzan sollte letztlich ausgeführt werden. Bitzan brach in seinem Projekt mit den bislang an mittelalterlichen Vorbildern orientierten Kirchenbauten und wagte mit Erfolg eine für jene Zeit oft versuchte Synthese von Elementen des Jugendstils, des Neoklassizismus und der modernen Zweckform. Unter Leitung des Architekten Röhr wurde im Jahre 1913 mit dem Bau begonnen. Am 9. März 1916 fand nach einigen kriegsbedingten Bauverzögerungen die feierliche Weihe statt. Mit Ausnahme des Einbaus einer neuen Orgel hat sich der Bau ohne jede Veränderung erhalten. Der Bauplatz der Kirche lag auf einem Platz der 1871 geplanten Ringstraße um das Görlitzer Zentrum. So entwarf Bitzan folgerichtig auch die für die Kirche verträgliche Platzbebauung. Mit der Wirtschaftskrise in den zwanziger Jahren wurde diese Stadtplanung verworfen, so daß die Kirche bis zum heutigen Tage ohne jede verbindende Bebauung blieb. Eine Sanierung in den Jahren 1982 bis 1990 ließ sie in alter Schönheit wiederentstehen.

Der 1925 in das Görlitzer Stadtgebiet eingemeindete Vorort Rauschwalde gehörte bis 1915 dem Kirchspiel Kunnerwitz an. Die Bemühungen um ein eigenes Kirchengebäude sind bereits vor dem Ersten Weltkrieg nachweisbar. In den Jahren 1925 – 1928 lieferte der Breslauer Architekt Hermann Wahrlich erste Vorentwürfe. Nach der Gründung des Kirchenbauvereins im Jahre 1935 wurden die finanziellen Voraussetzungen geschaffen. Nach dem plötzlichen Tod des Architekten übernahm der für unser Jahrhundert bedeutendste Architekt des protestantischen Kirchenbaus, Otto Bartning (1883 – 1959), die Leitung des Vorhabens. Bartnings Entwurf zeugt von einer beispielhaften Schlichtheit und Würde. Im Jahre 1937 erfolgte die Grundsteinlegung, am 17. Juni 1938 fanden die Arbeiten mit der feierlichen Weihe der **Christuskirche** ihr Ende. Im Ostteil der Stadt ist die katholische **Bonifatiuskirche** zu erwähnen. Sie entstand in den Jahren 1927 – 1929 nach Entwürfen des Görlitzer Architekten Bernhard Sander. Das Projekt weist eine schlichte Saalkirche in Stahlskelettbauweise aus. Am 26. Mai 1929 wurde sie konsekriert. Die Bonifatiuskirche diente den zahlreichen Militärangehörigen der in diesem Stadtteil gelegenen Kasernen als Garnisonkirche und war später Wirkungsstätte des bekannten katholischen Priesters Dr. Franz Scholz.

Görlitz besaß zwei jüdische Gotteshäuser. Die Görlitzer Synagogengemeinde gründete sich im Jahre 1850 neu, und bis 1853 entstand im Rundbogenstil ihre Synagoge an der Langenstraße. Bereits 1867 bis 1869 mußte der Bau infolge der ständig wachsenden Zahl der Gemeindeglieder erweitert werden. Nach der Jahrhundertwende wurde so auch bei der jüdischen Gemeinde der Wunsch nach einer neuen Synagoge laut. Großzügige Geldspenden und die Schenkung des Bauplatzes an der Otto-Müller-Straße ließen 1909 die Baukommission zu ihrer ersten Beratung zusammenkommen. Als Sieger eines im gleichen Jahr veranstalteten Architekturwettbewerbs gingen die Dresdener William Lossow (1852 – 1914) und Max Hans Kühne (1874 – 1942) hervor. Die Entscheidung über den ersten Preis trafen so bedeutende Architekten wie Paul Wallot (1841 – 1912), Hermann Muthesius (1861 – 1927) und der Dresdener Stadtbaurat Hans Erlwein (1872 – 1915). Mit dem in den Jahren 1909 bis 1911 ausgeführten Projekt entstand eine der geschmackvollsten Architekturschöpfungen des frühen 20. Jahrhunderts in Görlitz. 1938 nur leicht beschädigt, verfiel die Synagoge in den vergangenen Jahrzehnten zunehmend. Im Jahre 1990 wurden die dringend erforderlichen Sicherungsmaßnahmen eingeleitet und der Ausbau für das „Europäische Bildungs- und Informationszentrum" in Angriff genommen.

9 Das Heilige Grab

Unter den Görlitzer Kirchen nimmt das Heilige Grab eine besondere Stellung ein. Seine Entstehung geht auf das 15. Jahrhundert zurück und ist eng mit den Auseinandersetzungen der Anhänger des ungarischen Königs Mathias I. Corvinus und des „Ketzerkönigs" Georg Podjebrad verbunden. Wortführer der Ungarnpartei war der amtierende Bürgermeister Urban Emmerich. Sein Sohn Georg unterhielt 1464 eine Liebesbeziehung zu Benigna Horschel, deren Vater als führender Anhänger der gegnerischen Partei bekannt war. Der Konflikt verschärfte sich, als bekannt wurde, daß Benigna schwanger war und Emmerich Horschels Forderung nach Eheschließung oder der Zuteilung der Hälfte der Emmerischen Güter nicht nachkommen wollte. Die Auseinandersetzungen gipfelten 1467 in der „Pulververschwörung", die durch den Rat blutig niedergeschlagen wurde.

Georg Emmerich sah sich, um das Ansehen der rechtgläubigen Partei zu erhalten, zu einer Pilgerfahrt nach Jerusalem veranlaßt und verließ bereits 1465 Görlitz, ausgestattet mit Geldern für den Ankauf von Meßgewändern. Im gleichen Jahr wurde er in Jerusalem zum Ritter vom Heiligen Grabe geschlagen, was zu jener Zeit eine Würde von hoher Bedeutung darstellte. Von seiner Wallfahrt soll Emmerich die Baupläne des Heiligen Grabes mitgebracht haben. 1465 beschloß der Görlitzer Rat die Errichtung der Heilig-Kreuz-Kapelle anstelle eines alten Wegekreuzes. Baunachrichten sind jedoch erst 1481 bis 1505 überliefert. Die Heilig-Kreuz-Kapelle ist eine Doppelkapelle mit einem überaus schlanken Dachreiter. Im Untergeschoß befindet sich die Adams-, im Obergeschoß die Golgathakapelle. Das Netzrippengewölbe lastet schwer über der Adamskapelle. Hingegen wirkt der Raum der Golgathakapelle luftig und hell. Beide Räume sind mit vielen symbolhaften Details ausgestattet. Ein künstlich geschaffener Gebäudespalt erinnert an das Beben, das Karfreitag Jerusalem erschütterte. Der Spalt steht mit der Blutrinne in der Golgathakapelle in Verbindung, diese mit der mittleren von drei kreisrunden Vertiefungen, die den Standort der drei Kreuze von Golgatha andeuten sollen. In der Adamskapelle befindet sich darüber hinaus eine Tafel für den Stifter der Anlage. Nur wenige Meter von der Kreuzkapelle entfernt steht das Salbhaus, in dem eine Grablegungsgruppe aus dem Jahre 1490 von Hans Olmützer untergebracht ist. Das Zentrum der Anlage ist das Heilige Grab selbst. In dem Bauwerk verschmelzen gotische und maurische Formen. In ihrem Inneren ist die Grabkammer in schlichten Formen nachgebildet. Das Gebäudeensemble ist eingebunden in einen Landschaftsgarten, der sich nördlich des Heiligen Grabes mit dem „Bach Kidron" und dem „Ölberg" anschließt.

Gleichsam gehört zu der Anlage der Prozessionsweg, der unter dem als Gerichtshaus des Pilatus versinnbildlichten Westportal der Pfarrkirche Sankt Peter und Paul beginnt und über die Nikolaistraße und die Lunitz nach dem Heiligen Grab führt. Der Weg ist gesäumt durch Kreuzwegstationen, von denen sich eine an der Ecke Lunitz/Bogstraße und eine weitere unmittelbar am Grundstückszugang zum Heiligen Grab erhalten hat. Die Görlitzer Anlage besitzt den Vorzug, dem mittelalterlichen Heiligen Grab von Jerusalem am ähnlichsten zu sein. Sie ist darüber hinaus der älteste erhaltene symbolische Landschaftsgarten Deutschlands.

10 Brunnen und Denkmäler

Der Wohnwert einer Stadt wird am Freizeitangebot, an der Verkehrsorganisation, der Gaststätten- und Einkaufskultur und nicht selten auch an der Qualität ihrer Parkanlagen gemessen. Görlitz war eine Stadt, die von alledem viel zu bieten hatte. Gerade mit ihren ausgedehnten Grünanlagen genoß sie einen ausgezeichneten Ruf. Begründet wurde dieser im Jahre 1829 mit der Anlage der Promenade zum Obermühlberg und der Umgestaltung der alten Viehweide südlich der alten Stadt. Damit formulierte der Magistrat zu jener Zeit Ansprüche, die weit über den üblichen provinziellen Rahmen hinauswiesen. Deutlich wird dies auch in einem Bericht aus dem Jahre 1848, wonach das Geheimratsviertel im Berliner Tiergarten als Vorbild für die Gestaltung des parknahen Gebietes herangezogen werden sollte. Der Stadtpark bot neben seinen botanischen Attraktionen vielfältige Möglichkeiten, ihn mit Standbildern und Brunnen auszustatten.

Im Jahre 1871 wurde die Büste von **Alexander von Humboldt** (1769 – 1859), ein Bronzeguß nach dem Werk von **Daniel Christian Rauch** (1777 – 1857), aufgestellt. Dem Denkmal gegenüber hat 1929 ein Brunnen mit Figuren spielender Kinder Platz gefunden. Er wurde vom Görlitzer Kaufmann Ewald Schneider gestiftet. Nach der Jahrhundertwende schuf **Richard Engelmann** für den Park die Plastik des Sterbenden Kriegers. Sie steht in der Nähe des kleinen Teiches. Seine ruhende Frauengestalt für das ovale Brunnenbecken an der Stadthalle hingegen scheint mit den Wirren des Zweiten Weltkrieges verloren gegangen. Am Rande sei noch auf ein eher unscheinbares Denkmal im Stadtpark, auf den von Kanonenkugeln umgebenen Gedenkstein für das Jahr 1813, verwiesen. Im Jahre 1874 ließ die Mutter des Afrikaforschers **Hermann Steudner** (1832 – 1864) für ihren während einer Expedition verstorbenen Sohn im Stadtpark ein Denkmal errichten. Der Berliner Bildhauer **Eduard August Luerssen** (1840 – 1891) schuf es. Das Syenitpostament befindet sich heute auf dem Alten Städtischen Friedhof. Die Büste fiel 1942 dem Metallbedarf der Rüstungsindustrie zum Opfer. Ein gleiches Schicksal ereilte das Denkmal für **Albrecht Graf von Roon** (1803 – 1879), 1894 durch Johannes Pfuhl (1846 – 1914) geschaffen, an der Ostseite des Wilhelmsplatzes aufgestellt und 1939 zum Stadtpark umgesetzt. Graf von Roon war in den Jahren 1859 – 1873 preußischer Kriegsminister und zog sich nach seiner Pensionierung in das nur wenige Kilometer von Görlitz entfernte Krobnitz zurück.

Das **Gefallenendenkmal des Infanterieregiments 19** schuf im Jahre 1938 Heinz Grunwald. Es ist in den Grünanlagen zwischen der Schützenstraße und dem Ständehaus zu finden. Ebenfalls von Johannes Pfuhl stammt die Figur **Jacob Böhmes** (1575 – 1624). Sie gehörte ursprünglich zu einem Brunnen an der Reichenberger Brücke (heute Grenzübergang). Im Jahre 1972 erfolgte dessen Umsetzung in den Park des Friedens. Der Brunnen selbst ist schon seit langem nicht mehr in Betrieb, das Becken wird für Pflanzungen genutzt. Vom Stadtpark bzw. Park des Friedens gelangt man über die Promenade zum Blockhaus auf dem Obermühlberg, einem ehemals beliebten Ausflugsort. Unmittelbar an der Kreuzung der Dr.-Kahlbaum-Allee und der Blockhausstraße wurde die nach dem Vorbild von Johann Heinrich Dannecker (1758 – 1841) gegossene Büste von **Friedrich von Schiller** (1759 – 1805) im Jahre 1859 aufgestellt. Für den

Platz am Blockhaus selbst schuf Franz Ochs (1852 – 1903) im Jahre 1891 das Standbild des **Prinzen Friedrich Karl von Preußen** (1828 – 1885), Enkel Friedrich Wilhelms III. Es war das einzige Denkmal in Deutschland für den berühmten Heerführer der Kriege gegen Dänemark, Österreich und Frankreich. Vom 13. bis 22. Juni 1866 schlug er in Görlitz sein Hauptquartier auf. Im Jahre 1942 verschwand die Bronzeplastik in den Schmelztiegeln der deutschen Rüstungsindustrie. Vor dem Blockhaus stand ursprünglich auch ein vermutlich von Ludwig Drake (1826 – 1897) geschaffener Zierbrunnen.

Nur wenige Meter entfernt wurde am 5. Juni 1902 der **Goethebrunnen** feierlich eingeweiht. Die Büste des großen Dichters schuf Johannes Pfuhl, das Brunnenbecken entstand nach Entwürfen des Baugewerkeschullehrers Hugo Behr. Auch diese Anlage erfuhr mit dem Zweiten Weltkrieg tiefgreifende Veränderungen. Von der ursprünglichen Brunnenfunktion hat sich nichts erhalten. Die Büste wurde 1942 eingeschmolzen und nach dem Kriege durch den Görlitzer Bildhauer Rudolf Däunert (1895 – 1962) nach einem Vorbild von Daniel Christian Rauch ersetzt. Architekt Theobald Müller, Direktor der Görlitzer Baugewerkeschule, war offenbar der Schöpfer des ehemaligen Brunnens vor dem Angestelltenwohnhaus der Raupachschen Maschinenbauanstalt (heute Keramische Maschinen) an der Zittauer Straße. Ursprünglich stand dieser als Exponat der Firma F.B. Neumann, Granitwerk Görlitz/Ebersbach, auf der Niederschlesischen Industrie- und Gewerbeausstellung des Jahres 1905.

Wohl um die Jahrhundertwende setzte der Waren-Einkaufs-Verein dem Gründer der deutschen Genossenschaftsbewegung **Franz Hermann Schulze-Delitzsch**

(1808 – 1883) an der Rauschwalder Straße ein Denkmal. Nahe der Landskronbrauerei steht das 1901 vom Dresdner Bildhauer Reinhard Schnauder (1856 – 1923) geschaffene Denkmal für den Begründer der deutschen Rassegeflügelzucht **Robert Oettel** (1798 – 1884). Der bronzene Hahn und die Reliefplatte wurden 1942 abgebaut. Im Jahre 1862 setzten die Görlitzer ihrem ersten Oberbürgermeister ein würdiges Denkmal. **Gottlob Ludwig Demiani** (1786 – 1846) bewirkte mit Weitblick und großem Geschick eine wirtschaftliche Blüte der Stadt ab den dreißiger Jahren des 19. Jahrhunderts. Auch aus künstlerischer Sicht verdient das Standbild Beachtung. Der Rietschel-Schüler Johannes Schilling (1828 – 1910) schuf es als eines seiner Hauptwerke. Im Verlaufe der Geschichte wechselte das Denkmal zweimal seinen Standort. Sein erster Standort war auf dem Marienplatz, wo heute ein umgestalteter Feuerlöschteich seit dem Ende des Zweiten Weltkriegs das Bild beherrscht. Nach dem Krieg schmückte es zunächst den Platz an der Südseite des Musiktheaters, und im April 1959 wurde es in die nahen Grünanlagen umgesetzt. Auf dem Platz vor dem Haupteingang des Theaters befand sich im 19. Jahrhundert ein Zierbrunnen.

Im Jahre 1870 eroberten die Görlitzer Jäger im Gefecht bei Weißenburg als erstes Beutegeschütz des deutsch-französischen Krieges die **Kanone „Le Douai"**. 1871 wurde diese als Geschenk Kaiser Wilhelms an die Stadt nach Görlitz überführt und 1874 als Zeichen des Triumphes in der Nähe des Kaisertrutzes aufgestellt. Den Entwurf für das Denkmal besorgte der bekannte Architekt Martin Gropius (1824 – 1880). Für die Exedra nutzte er die verkleinerte Kopie eines Frieses, den Rudolf Siemering (1835 – 1905) ursprünglich für den Unterbau des

Standbildes der Germania im Berliner Lustgarten schuf und welcher später für die im Berliner Tiergarten errichtete Siegessäule verwandt wurde. Auch dieses Denkmal verschwand nach Kriegsende. Die Städtischen Kunstsammlungen bewahren Kanonenrohr und Lafette in ihrem Fundus. Vor dem Stadttheater hatte 1908 das von Harro Magnussen (1861 – 1908) geschaffene Standbild des bekannten deutschen Lustspielautors **Gustav von Moser** (1825 – 1903) seinen Platz gefunden. Sein Ende kam im Jahre 1942 mit dem Abtransport und dem vermutlichen Einschmelzen für die deutsche Rüstung.

Ein gleiches Schicksal erlitt das am 18. Mai 1893 auf dem Obermarkt eingeweihte **Reiterdenkmal Wilhelm I.** (1797 – 1888). Es stammte von dem Bildhauer Johannes Pfuhl. Als Sockelfiguren stellte der Künstler **Otto Fürst v. Bismarck** (1815 – 1898) und **Helmuth Graf v. Moltke** (1800 – 1891) dar. 1939 wurde das Reiterstandbild nach dem Wilhelmsplatz umgesetzt.

Neben diesen Denkmälern beleben eine Reihe von Brunnen das architektonische Bild von Görlitz und laden zum Verweilen ein. Allein sieben sind in der Altstadt zu finden. So entstand wohl um 1590 der **Kunstbrunnen auf dem Obermarkt**. Auch er wechselte mehrfach seinen Standort, und seine Figur, ein Phantasieherold, erhielt nach dem Prager Frieden von 1635 eine Ausschmückung mit dem sächsischen Wappen.

Ein städtisches Sorgenkind schien der **Neptunbrunnen** auf dem Untermarkt zu sein. Im Jahre 1756 führte ihn der aus einem Dorf bei Löwenberg stammende Bildhauer Johann Georg Mattausch unter Verwendung von Zeichnungen des späteren Freiberger Geologen Johann Friedrich Wilhelm Carpentier aus. Görlitzer Bürger und ihre Gäste bewerteten die Arbeit als skandalös. Im Jahr

1905/06 scheint der **Zierbrunnen auf dem Klosterplatz** entstanden zu sein. Er wurde nach längerer Zeit im Jahre 1991 wiederhergestellt und in Betrieb genommen. Mit dem Neubau des Bahnhofes sollte bei der Gestaltung des Vorplatzes ein Brunnen entstehen. Der Bildhauer August Schneider (1866 – 1945) entwarf im Jahre 1914 dafür mehrere Modelle unter dem Titel „Krieg und Frieden" oder „Siegfried-Brunnen". Dieses Projekt ist nicht ausgeführt worden. Kleinere Brunnen sind in den letzten Jahren entstanden. Bereits 1962/63 wurde unter dem Gartenbaudirektor Henry Kraft das Gelände zwischen den östlichen Stadtmauern, die sogenannte Ochsenbastei, in eine reizvolle Gartenanlage umgestaltet und mit kleinen barocken Brunnen ausgestattet. Peter Fritsch (*1938) aus Freital schuf 1991 für die neuaufgestellte Rohrbütte Neißstraße 7 eine Figurengruppe.

In den achtziger Jahren konnte der vermutlich nach einem Entwurf von Karl Friedrich Schinkel (1781 – 1841) ausgeführte, 1925 grundlegend erneuerte, aber auch lange Zeit stillgelegte **Brunnen am Nikolaiturm** wiederhergestellt werden. An der Annenkapelle zierte den einen der beiden kleinen Brunnen ursprünglich ein auf einem Fisch reitender Knabe. Wann diese Plastik demontiert wurde, ist nicht bekannt. Im April 1992 erhielten die verwaisten Brunnenbecken zwei bronzene Engel der Dresdener Künstlerin Veronika von Appen (*1936). Ein großer **Kunstbrunnen** aus carrarischem Marmor beherrscht die Nordhälfte des Postplatzes. Vier Sitzfiguren, Jäger, Nymphe, Fischer und Nixe, begleiten ein mehrstufiges Postament, auf dem ursprünglich eine bronzene Frauengestalt ein muschelförmiges Wasserbecken in die Höhe hielt. Robert Toberentz (1849 – 1895) entwarf diesen Brunnen, fertiggestellt wurde er im Jahre 1887 durch die Bildhauer Ochs, Vater und Sohn, in Berlin und Charlottenburg. Die Figur, im Volksmund „Muschelminna" genannt, ging im Zweiten Weltkrieg verloren. An deren Stelle bekrönt seit Juni 1967 eine Schale von Werner Hempel (1904 – 1980) den Brunnen. Interessant ist auch, daß eine der „Muschelminna" sehr ähnliche Brunnenfigur in Riga vor dem Opern- und Ballett-Theater zu finden ist. Ein weiterer Zierbrunnen im Stadtzentrum, vermutlich von Ludwig Drake (1826 – 1897) entworfen, schmückte mit einem Zinkknaben und einem Schwan bis nach dem Ersten Weltkrieg den Wilhelmsplatz. Über seine Entstehungszeit sind uns keine Nachrichten überliefert. An der Ostseite des Platzes weihte nach der Neugestaltung am 12. September 1948 Oberbürgermeister Kurt Prenzel ein **Denkmal für die Opfer des Nationalsozialismus** ein.

In der nördlichen Innenstadt ist noch auf zwei Denkmale hinzuweisen. An dem Schnittpunkt der Pontestraße mit der Christoph-Lüders-Straße liegt der Hildegard-Burian-Platz. Am 12. Juli 1903 wurde auf jenem Platz ein von dem Dresdener Bildhauer Starke geschaffenes Denkmal für den Begründer des Görlitzer Waggonbaus enthüllt. **Christoph Lüders** (1803 – 1872), der mit seinem Unternehmen in diesem Gebiet ansässig war, zählt zu den Pionieren der industriellen Revolution in Görlitz. 1942 wurde dieses Denkmal ebenso eingeschmolzen wie das Standbild von Martin Luther (1483 – 1546), das als Nachguß des von Rietschel geschaffenen Luther-Denkmals in Worms 1904 vor dem Haupteingang der Lutherkirche aufgestellt worden war. Erst 1983 war es dank einer Initiative aus Berlin (West) und unter Nutzung der Gußformen möglich, den alten Zustand wiederherzustellen.

Die weiter vom Zentrum entfernten Stadtteile besitzen kaum Denkmäler. So stand in Biesnitz ein **Kaiser-Frie-**

drich-Denkmal, von dem uns jedoch keine Nachrichten überliefert sind. Alte Karten belegen eine Aufstellung im „Kaiser-Friedrich-Thal", das am Schnittpunkt der Weihübler und der Talstraße in der Nähe der ehemaligen Kuranstalt Biesnitzhofen lag. Zu erwähnen ist auch der unweit davon aufgestellte **„Kesselschmied"**, wohl um 1927 von dem Bildhauer und Medailleur Gerhard Adolf G. Janensch (1860 – 1933) geschaffen. Die Plastik findet sich als Serienfabrikat in den Katalogen der Kunstgußhütte Lauchhammer wieder. Heute steht die Figur an der Albrecht-Thaer-Straße auf dem Wege von Biesnitz nach Weinhübel.

Im heutigen Stadtgebiet finden sich auch noch Betsäulen oder Denksteine, die ursprünglich an unbebauten Wegen zu finden waren. Am Weinberg hat sich ein Bildstock und am Rande der Nieskyer Chaussee der Bogner-Stein erhalten. Ein Sühnekreuz ist an einem Wege in der Nähe der Bienitzer Grundstraße zu finden. Seit 1895 steht auf der Landeskrone ein Denkmal für den Dichter und Freiheitskämpfer **Theodor Körner** (1791 – 1813). Es entstand auf Betreiben des Riesengebirgsvereins und soll an seine Besuche auf der Landeskrone in den Jahren 1809 und 1813 erinnern. 1901 folgte die Stadt der politischen Mode und ließ auf einem Nebengipfel des Berges zur Würdigung des „Reichsgründers" von Wilhelm Kreis (1873 – 1953) eine **Bismarck-Säule** errichten.

Auch die Oststadt von Görlitz wies einige Denkmäler auf. An den am 7. September 1757 bei Moys gefallenen preußischen **General Hans von Winterfeld** erinnerte bis zum Ende des Zweiten Weltkrieges ein Gedenkstein auf dem Jäkelsberg. Zur gleichen Zeit verschwand auch die im Juli 1926 an der Trotzendorfer Straße / Ecke Kleist-

Straße aufgestellte **Kleist-Stele**. Die alte sächsische **Postmeilensäule** vom Töpferberg steht heute im Breslauer Postmuseum. Außerdem sei auf den großen Zierbrunnen bei der Oberlausitzer Gedenkhalle hingewiesen.

Neben den großen **Denkmälern für die Opfer der Kriege 1866 und 1870/71** (Alter Städtischer Friedhof) sowie 1914/18 (Neuer Städtischer Friedhof) ist auf das **Kriegerdenkmal 1914/18** auf dem Diesterwegplatz in Rauschwalde hinzuweisen. Auch die Nikolaikirche erfuhr im Jahre 1926 einen tiefgreifenden Umbau ihres Innenraumes zu einem **Denkmal für die Gefallenen des Ersten Weltkrieges**. Zu erwähnen ist die Gedenkstätte für die Opfer des Kapp-Putsches, 1929 auf dem Neuen Städtischen Friedhof errichtet. Im Ortsteil Rauschwalde entstand 1946 auf dem Friedhof für die gefallenen Soldaten der Roten Armee eine aufwendige Denkmalsanlage. Im Jahre 1951 errichtete die Stadt Görlitz auf dem jüdischen Friedhof an der Biesnitzer Straße einen **Gedenkstein für die jüdischen Opfer** der Nazi-Verfolgung. Nicht weit davon entfernt erinnert an der Fröbelstraße ein vom Görlitzer Gartenbaudirektor Henry Kraft entworfenes und 1959 aufgestelltes Denkmal an die Opfer des KZ „Biesnitzer Grund".

Aus Anlaß des ersten bemannten Weltraumfluges von Juri Gagarin wurde 1961 in der Nähe der Stadthalle ein von Rudolf Däunert (1895 – 1962) in Stein gehauener Globus auf der gedachten Linie des 15. Längengrades errichtet. Von den in jüngerer Zeit aufgestellten freiplastischen Werke möge an dieser Stelle der Hinweis auf die 1972 vor der neuerrichteten Kinderklinik an der Girbigsdorfer Straße aufgestellten **„Schaukelnden Kinder"** des Bertsdorfer Künstlers Siegfried Schreiber (*1928) genügen. Für das Neubaugebiet Rauschwalde schuf 1982 der Dresdener Designer Gerhard Papstein (*1923) einen Zierbrunnen in Form einer Blüte. In Königshufen wurde 1992 vorübergehend die **Wanne mit Badenden** von Gisela Mauermann (*1941) aufgestellt.

Görlitz war ursprünglich reich an Denkmälern und Wasserspielen. Der Bestand an Brunnen wurde durch Kriege und stetige Vernachlässigung reduziert. Erst in den letzten Jahren sind die Bemühungen um eine Erneuerung erfolgreich. Viele Denkmäler sind dem Metallnotstand der deutschen Rüstungsindustrie zum Opfer gefallen. Es ist beachtenswert und bezeichnend, daß die Stadt ihre beiden wichtigsten Denkmäler, Demiani und Böhme, vor den Schmelztiegeln retten konnte.

11 Die Städtischen Kunstsammlungen Görlitz

Die reiche Kultur, die Görlitz im Verlaufe seiner wechselvollen Geschichte hervorbrachte, spiegelt sich in eindrucksvoller Weise im Städtischen Museum wider. Seine Gründung geht auf das Jahr 1873 zurück. Das „Museum für Altertum und Kunst" war in jenem Jahr in dem Haus am Jüdenring (heute Hugo-Keller-Straße) eingerichtet worden. Die Wurzeln der Görlitzer Sammlungen lassen sich bis in das Jahr 1726 zurückverfolgen und finden sich in den Milichschen Sammlungen, in der Oberlausitzischen Gesellschaft der Wissenschaften zu Görlitz und in der Gesellschaft für Anthropologie und Urgeschichte der Oberlausitz. Erstere ist eine Stiftung des Schweidnitzer Rechtsgelehrten Johann Gottlieb Milich (1678 – 1726) aus dem Jahre 1726 an das Görlitzer Gymnasium.

Neben einer Bibliothek gehörten auch Gemälde, Handschriften, technische Geräte wie Hohlspiegel, die von dem bedeutenden sächsischen Gelehrten Ehrenfried Walther von Tschirnhaus (1651 – 1719) benutzt worden waren, und Naturalien zur Sammlung. Milich verfügte testamentarisch, daß diese „alle wochen zweymal nachmittag, auf gewisse Stunden, in einem hierzu bequemen Zimmer …einem jeden Liebhaber" geöffnet sein soll. Die 1727 im Rathaus aufgestellten Sammlungen wurden 1784 nach der Börse am Untermarkt 16 verlegt.

Der Museumsbegriff der Aufklärung knüpfte eng an das griechische Museion, eine Gelehrtenschule mit Bibliothek und Belegsammlungen, wie es im Kasseler Museum Fridericianum in bemerkenswerter Weise verwirklicht worden war, an. Mit Sammeln, Bewahren und Lehren verfolgte die 1779 gegründete Oberlausitzische Gesellschaft der Wissenschaften in Görlitz in ihrem Programm gleiche Gedanken. Ihre Gründungsmitglieder Adolf Traugott von Gersdorf (1744 – 1807), Karl Gottlob von Anton (1751 – 1818), Karl Andreas von Meyer zu Knonow (1744 – 1797) und Karl Adolf von Schachmann (1725 – 1789) widmeten sich privaten wissenschaftlichen Studien und besaßen neben den Bibliotheken u.a. botanische, physikalische und geologische Sammlungen.

All dies sollte nun in ein Universalmuseum einfließen, das schließlich ab 1807 im Barockhaus Neißstraße 30 seine Heimstatt fand. Die Kartusche am Portal des Hauses trägt die Inschrift „I(n) U(no) MUSEUM S(ocietatis) L(itterariae) L(usatiae) S(uperioris)" – in Einheitlichkeit Museum der Wissenschaftsgesellschaft der Oberlausitz. Dies spiegelt den enzyklopädischen Charakter der Gesellschaft und ihrer Sammlungen wider. Das Museum hatte in dieser Form nicht lange Bestand. Mit der Gründung von weiteren Gesellschaften und Vereinen, z. B. der Naturforschenden Gesellschaft (1823) oder dem Gewerbeverein (1830), wurden fortan die speziellen Arbeitsgebiete von denselben betreut. Die Gelehrtengesellschaft fand mehr und mehr ihr Wirkungsfeld in der Regionalgeschichtsforschung.

Teile der Milichschen Sammlungen wurden ab 1873 in das „Museum für Altertum und Kunst" gegeben und bildeten die Grundlage für den Bestandsaufbau unter dem Vorsitz von Stadtbaurat Oskar Kubale. So wurden auch Gegenstände erfaßt, die in den aufgelösten Innungen oder in Kirchen überflüssig wurden. Neben den Sammlungen der Gesellschaft blieben die städtischen jedoch in recht bescheidenem Rahmen und waren der Öffentlichkeit seit 1881 einmal in der Woche zugänglich. Die Industrie- und Gewerbe-Ausstellung im Jahre 1885 demonstrierte, welche Bedeutung ein Kunstgewerbemuseum als Vorbildsammlung für die einheimische Industrie besaß. In einem gesonderten Pavillon wurden Möbel, Porzellan, Bilder und Modelle, vielfach aus privatem Besitz, gezeigt. Patriotismus und Verherrlichung der Reichseinigung ließen nach dem Tod Kaiser Wilhelms I. die Idee für ein Denkmal reifen, dessen Errichtung die preußische und sächsische Oberlausitz gemeinsam in Angriff nehmen wollten. Die Entscheidung fiel für den Bau einer Ruhmeshalle, in welcher ein zu gründendes Kunst- und Kunstgewerbemuseum unterkommen sollte. Den ausgeschriebenen Architekturwettbewerb gewann Hugo Behr, Baugewerkeschullehrer aus Höxter. Als Bauplatz wurde das Gelände nahe der Reichenberger Brücke am östlichen Neißeufer gewählt. Am 28. November 1902 wurde die „Oberlausitzer Gedenkhalle mit Kaiser-Friedrich-Museum", so die offizielle Bezeichnung, durch Kaiser Wilhelm II. feierlich eingeweiht. Der Lehrer und Vorsitzende der Gesellschaft für Anthropologie und Urgeschichte, Ludwig Feyerabend (1855 – 1927), wurde zum Museumsdirektor ernannt. Durch seinen Sammeleifer entstand innerhalb kurzer Zeit ein in Deutschland anerkanntes Museum, in dem die städtischen Sammlungen vom Jüdenring ebenso aufgingen wie die der 1888 begründeten Gesellschaft für Anthrophologie und Urgeschichte der Oberlausitz. Sechs große Oberlichtsäle in dem neuen Haus sollten über Jahrzehnte hinweg dem vorhanden und neuerworbenen Sammlungsgut genügend Raum bieten. Bereits wenige Jahre später erwies sich das als ein Irrtum. Die Stiftung eines Kunstfonds durch den in Görlitz geborenen Zürcher Kommerzienrat Gustav Henneberg (1847 – 1918) und den Görlitzer Kommmerzienrat Martin Ephraim (1860 – 1944) schuf die Grundlage für eine gezielte Ankaufpolitik. Durch Schenkungen empfing das Görlitzer Museum Kunstschätze von großem Wert. Dazu zählte auch die Erwerbung einer wertvollen Sammlung von Oberlausitzer Volkskunst durch Martin Ephraim aus den Händen des Bautzener Rentiers Fröhlich. Der Aufbau einer numismatischen Abteilung war durch die testamentarische Bestimmung des als Münzsammler weit über die deutschen Grenzen bekannten Berliner Rentiers Ernst von Wasserschleben, der seine wertvolle Sammlung dem Museum schenkte, möglich. Der Lausitzer Kunstverein plante den Aufbau einer Gemäldesammlung. All dies führte letztlich dazu, daß innerhalb weniger Jahre sechs bemerkenswerte Museumsabteilungen entstanden, die sich mit der Zeit über alle Räume der Gedenkhalle, auch jene im Kellergeschoß, ausbreiteten.

Für das als Denkmal konzipierte Gebäude wurden die Sammlungen allmählich zu groß, und man plante einen anschließenden Erweiterungsbau. Der Erste Weltkrieg und die Inflation ließen dieses Vorhaben scheitern. Erst zu Beginn der dreißiger Jahre wurde durch die Stadt der Kaisertrutz für museale Zwecke um- und ausgebaut. Mit einer Regulierung der Dachzone erhielt die alte Stadtbefestigungsanlage zwei Ausstellungs- und zwei Magazingeschosse von je 420 qm. Mit der Eröffnung des Kaisertrutzes als historisches Museum am 14. Oktober 1932 fanden hier die stadtgeschichtliche sowie die ur- und frühgeschichtliche Abteilung ihr neues Domizil. Nach dem Tode Feyerabends leiteten das Museum bis 1933 Ernst Polaczek (1870 – 1937?) und von 1934 bis 1936 Otto-Friedrich Gandert (1898 – 1983). Im Jahre 1936 erhielt das Städtische Museum einen neuen Namen, der zugleich ein neues Programm enthielt und die Abwendung vom devoten Museum der Jahrhundertwende bezeugte: Städtische Kunstsammlungen Görlitz. Siegfried Asche (1906 – 1985) stand dem Haus ab 1936 vor, bis Ernst-Heinz Lemper (*1924) im Jahre 1951 das Amt übernahm.

Der Zweite Weltkrieg ging auch am Görlitzer Museum nicht spurlos vorüber. Ein großer Teil des städtischen Kunstbesitzes wurde mit der Schließung des Museums 1942 nach Dörfern östlich der Neiße verlagert. Kriegshandlungen und Plünderungen haben vieles vernichtet, anderes geriet unter polnische oder sowjetische Verwaltung. Ein geringer Teil gelangte auf mitunter recht abenteuerliche Weise zurück in den Besitz der Städtischen Kunstsammlungen.

Die Wiederaufnahme der Museumsarbeit im Jahre 1947 war ein Neubeginn. Zu den beträchtlichen Verlusten an Sammlungsgut kam die räumliche Begrenzung, denn es stand zunächst nur noch der Kaisertrutz zur Verfügung. Die Oberlausitzer Gedenkhalle, jenseits der Neiße gelegen, war zum Ende des Krieges unter polnische Verwaltung geraten und wurde ab 1949 als Kulturhaus von Zgorzelec genutzt. Im Jahre 1948 öffnete die Gemäldegalerie im oberen Ausstellungsgeschoß. Gezeigt werden hier bis heute Werke der deutschen Malerei des 19. und 20. Jahrhunderts unter besonderer Berücksichtigung Oberlausitzer Künstler. Philipp Hackert, Ferdinand von Rayski, Carl Spitzweg, Lovis Corinth, Max Slevogt und Alexander Kanoldt sind in dieser Ausstellung mit Arbeiten vertreten. Der untere Rundgang blieb ab 1949/50 der Kunst des Mittelalters und der Renaissance vorbehalten. Zeugen der Handwerkskunst und Bilder zur Stadtgeschichte ergänzten die Darstellungen. 1959 wurde diese Etage zu einer stadtgeschichtlichen Ausstellung umgestaltet und hat seitdem nur geringe Änderungen erfahren.

Mit dem Beschluß des Rates der Stadt Görlitz, den verbliebenen Besitz der Oberlausitzischen Gesellschaft der Wissenschaften den Städtischen Kunstsammlungen zu übergeben, wurde auch das Barockhaus Neißstraße 30 einer musealen Nutzung zugeführt. Die nachgelassene Büchersammlung der Gesellschaft und die des Advokaten Milich wurden bei dieser Gelegenheit zusammengeführt und bildeten von jener Zeit an als Oberlausitzische Bibliothek der Wissenschaften eine Abteilung des Museums. 1951 öffneten das Graphische Kabinett und die Abteilung für Kunst und Kunsthandwerk der Oberlausitz. Das Graphische Kabinett steht mit seinen 40 000 Blatt der Benutzung durch interessierte Laien wie durch den Historiker, Kunsthistoriker oder Denkmalpfleger offen. Festliche Barockräume geben dem Museumsteil für Kunst und Kunsthandwerk einen besonders würdigen

Rahmen. Gezeigt werden kunstvolle Möbel, Fayencen, Zinn und eine umfangreiche Glassammlung aus vier Jahrhunderten. Im zweiten Obergeschoß des Westflügels wird Oberlausitzer Volkskunst zwischen Barock und Biedermeier dargeboten.

Ein Ausstellungsteil zur Ur- und Frühgeschichte wurde 1985 wegen Raummangels geschlossen. Dieses Fachgebiet gewann nach der Jahrhundertwende an Bedeutung, und so wurde 1928 am Museum eine Forschungsstelle für die preußische Oberlausitz eingerichtet. Nach dem Zweiten Weltkrieg ist zwar das Arbeitsgebiet kleiner geworden, es bleibt aber immer noch eine Fläche von ca. 900 km^2 zu betreuen. Entsprechend umfangreich sind auch die Magazinbestände dieses Fachbereiches. Der Ur- und Frühgeschichte wird bei der geplanten Neugestaltung des Kaisertrutzes breiterer Raum vorbehalten werden. Eine gesonderte Ausstellung widmet sich dem Leben und Werk des bedeutenden Philosophen Jacob Böhme (1575 – 1624). Eine weitere Kostbarkeit aus den Beständen der Oberlausitzischen Gesellschaft der Wissenschaften ist das Physikalische Kabinett mit seinen elektrischen Apparaturen aus dem 18. und 19. Jahrhundert. Eng verbunden damit sind auch die Darstellungen zur Gesellschaftsgeschichte in den benachbarten Räumen. Im Jahre 1976 wurde im Erdgeschoß eine Ausstellung zu Leben und Werk des Malers, Kupferstechers, Keramikers und Schriftstellers Johannes Wüsten (1896 – 1943) eröffnet.

Der Reichenbacher Turm wurde 1953 von den Städtischen Kunstsammlungen übernommen und ergänzt die Ausstellungen der stadtgeschichtlichen Abteilung durch Darstellungen zur Stadtverteidigung, Sagenwelt und zum Türmerleben. Besonders reizvoll ist der schöne Rundblick von der obersten Etage über die Stadt. Bei günstiger Witterung sind vom Turm aus die nahen Gebirge zu beobachten.

Die Städtischen Kunstsammlungen veranstalten im Kaisertrutz und im Barockhaus Neißstraße 30 alljährlich bis zu acht Sonderausstellungen. Neben der regionalen Kunst- und Kulturgeschichte finden auch regelmäßig nationale oder internationale Ausstellungen ihr interessiertes Publikum. Begleitet werden die Ausstellungen durch ein umfangreiches, alle Altersstufen berücksichtigendes museumspädagogisches Programm sowie durch zahlreiche Publikationen. Als eine besonders reizvolle Veranstaltungsreihe haben sich die „Konzerte bei Kerzenschein" einen festen Platz im Musikleben der Stadt Görlitz erobert.

Von einem kleinen „Museum für Altertum und Kunst" hat sich innerhalb weniger Jahrzehnte ein Provinzialmuseum mit überaus reichen Sammlungsbeständen entwickelt. Die Städtischen Kunstsammlungen haben nach dem Zweiten Weltkrieg diese Tradition wieder aufgenommen und in der Görlitzer Kulturlandschaft einen festen Platz gefunden.

12 Die Oberlausitzische Bibliothek der Wissenschaften

Zu den kulturhistorischen Sehenswürdigkeiten von Görlitz gehört die Oberlausitzische Bibliothek der Wissenschaften, die auf eine mehr als 200jährige Geschichte zurückblicken kann. Sie ist Teil der Städtischen Kunstsammlungen Görlitz und fügt sich mit ihrer spätbarocken Gestaltung reizvoll in die Räumlichkeiten des Barockhauses Neißstraße 30 ein. Und doch ist sie keine Museumsbibliothek im herkömmlichen Sinne.

Die Oberlausitzische Bibliothek der Wissenschaften (OLB) entstand als gelehrte Büchersammlung der Oberlausitzischen Gesellschaft der Wissenschaften, die 1779 in Görlitz gegründet wurde. Ihre Initiatoren, der Jurist und Sprachforscher Karl Gottlob Anton (1751 – 1818) und der Naturforscher und Ökonom Adolph Traugott von Gersdorf (1744 – 1807) hatten die wissenschaftliche Vereinigung mit dem Ziel geschaffen, sie zu einer Provinzialakademie der Lausitz werden zu lassen. Das hieß: Forschen und Sammeln in der ganzen Vielfalt der Wissenschaften.

Die gleichzeitig mit anderen Sammlungen gegründete Bibliothek war ein Spiegelbild dieses Zieles. Bücher aus allen Wissenschaftsgebieten füllten nach und nach die Regale, Urkunden, Handschriften und Inkunabeln ergänzten den Bestand.

Mehr und mehr jedoch rückte eine Aufgabe in den Vordergrund: Die Erforschung der Lausitz, insbesondere der Oberlausitz und der angrenzenden Gebiete. Spätestens seit den letzten beiden Jahrzehnten des 19. Jahrhunderts war das der absolute Schwerpunkt des Forschens,

Sammelns und Publizierens der Oberlausitzischen Gesellschaft der Wissenschaften. So wurde auch die regionalgeschichtlich-landeskundliche Abteilung der Bibliothek zunehmend planvoll ausgebaut. Handgeschriebene und gedruckte Chroniken, kultur- und kunstgeschichtliche Arbeiten, Veröffentlichungen zu Kirchen- und Religionsgeschichte, zu Bevölkerungs- und Besiedlungsfragen, zur Dialektforschung, zur Heimatliteratur u.v.a. bildeten einen unerschöpflichen Wissensfundus. Die Oberlausitzische Gesellschaft und ihre Bibliothek erlangten Bedeutung bis weit über die Grenzen Deutschlands.

Mit dem Ende des Zweiten Weltkrieges schien jedoch auch das Ende der Oberlausitzischen Gesellschaft der Wissenschaften und ihrer Bibliothek gekommen zu sein. Auslagerungen wertvoller Teile des Buchbestandes hatten zu einer empfindlichen Dezimierung desselben geführt, die wissenschaftliche Vereinigung selbst wurde durch die sowjetische Besatzungsmacht liquidiert. Doch die Stadt Görlitz übernahm 1950 mit der gesamten Hinterlassenschaft der Oberlausitzischen Gesellschaft auch deren Bibliothek und wandelte sie 1951 unter dem Namen „Oberlausitzische Bibliothek der Wissenschaften" in eine öffentliche Bibliothek um. Der eindrucksvolle Bibliothekssaal mit seinen Bogenregalen wurde restauriert. Seit mehr als 100 Jahren hatte etwa ein Viertel des nunmehr 100 000 Bände umfassenden Gesamtbestandes hier seinen Standort. Die Kriegsverluste der Bibliothek wurden durch die Zuordnung der historischen Milichschen Bibliothek, einer 1726 an die Stadt ergangenen Stiftung, wenigstens zum Teil wettgemacht. Der vorhandene Fundus an historischen regionalen Tageszeitungen erfuhr eine wesentliche Vervollständigung.

In den vergangenen Jahrzehnten wuchs die Bibliothek um mehrere tausend Bände. Ihre Aufgabe hat sie von der Oberlausitzischen Gesellschaft übernommen: Sammeln und Erschließen von regionalgeschichtlich-landeskundlicher Literatur – nunmehr modifiziert auf die östliche Oberlausitz und angrenzende niederschlesische Gebiete. In der Perspektive ist an den Aufbau eines regionalen Sammel- und Informationszentrums zu diesem Schwerpunkt gedacht. Die Bücher werden dem Leser im Lesesaal zur Verfügung gestellt – die Präsenznutzung ist aus Gründen der Bestandssicherung notwendig.

Neben der regionalen Abteilung ist jedoch ein gewaltiger Bestand an historischer Literatur unterschiedlichster Disziplinen vorhanden: aus dem naturwissenschaftlichen Bereich ebenso wie aus dem Gebiet der Theologie, der Literaturwissenschaft, der Geographie, der Geschichte usw. Prachtvolle Atlanten, meisterhaft kolorierte Kupferstichbände, schlichte reformationszeitliche Flugschriften, Hunderte von Dissertationen, Reisebeschreibungen, Biographien, Werke bedeutender Philosophen, Historiker und Naturwissenschaftler reihen sich aneinander. Alle Bücher sind in Katologen verzeichnet.

Der wissenschaftliche Reichtum der Bibliothek ist unumstritten. Gemeinsam mit dem beeindruckenden äußeren Rahmen läßt er die Oberlausitzische Bibliothek der Wissenschaften zu einer sehenswerten Kostbarkeit werden, die gleichzeitig ein Stück Kultur- und Wissenschaftsgeschichte der Region widerspiegelt.

Industrie- und Gewerbeausstellung 1885

13 Industrie und Handwerk

Ein Kapitel zur Görlitzer Industriegeschichte niederzuschreiben, stößt auf allerlei Schwierigkeiten. Viel zu wenig ist bisher von der Geschichte der Görlitzer Unternehmen und dem Ruf ihrer Erzeugnisse in aller Welt bekannt geworden. Manch aufsehenerregende Neuheit wurde in den Mauern dieser Stadt entwickelt und produziert. Die Industrie- und Gewerbeausstellungen der Jahre 1885 und 1905 dokumentierten die Leistungsfähigkeit der Görlitzer Firmen jener Jahre. Aber der wissenschaftlich-technische Fortschritt hat über vieles den Mantel des Vergessens gelegt. Grund genug, sich der Traditionen dieser Stadt zu erinnern.

Die Tuchherstellung war in Görlitz seit dem Mittelalter beheimatet und bildete bis weit ins 19. Jahrhundert den bedeutendsten Gewerbezweig. 1816 entstanden mit der Tuchfabrik Maurer am Ostufer der Neiße und der Tuchappretur Blumenthal in der Kränzelstraße erste Textilbetriebe. Wenige Jahre später, 1826, eröffneten Carl Samuel Geißler und Sohn Ernst ihr Unternehmen in der Vierradenmühle. Die erste Dampfmaschine nahm 1837 in Görlitz ihren Betrieb in der sieben Jahre zuvor an der Lunitz von den Brüdern Bergmann & Brüdern Krause begründeten Tuchfabrik auf. 1845 zählte man bereits 10 Unternehmen dieser Branche, und ihre Zahl nahm weiter zu. Zu den Firmen, die bis weit ins 20. Jahrhundert hinein ihrer Qualität wegen einen ausgezeichneten Ruf über die Landesgrenzen hinaus genossen, zählten F.W. Jockisch, 1854 an der Salomonstraße, und Brüder Hoffmann, 1874 an der Uferstraße begründet. Das außergewöhnlich weiche Wasser der Neiße eignete sich vorzüglich für die Appretur, und so ließen Tuchfabrikanten aus nah und fern ihre Produkte in Görlitz veredeln. Die 1850 begründete Fabrik Müller und Kaufmann am Neißeufer befaßte sich vor allem mit der Herstellung von Bradforder Artikeln (farbige und schwarze Orleans, Panama- und Mohairkleiderstoffe, halbwollene Cheviots) und galt in Deutschland als eine der bedeutendsten dieser Branche. Auch in der Taschentuchproduktion, genannt sei nur die 1846 gegründete Firma G. Stiasny, hatte Görlitz eine führende Rolle inne. Vor dem Ersten Weltkrieg zählte die Görlitzer Textilindustrie 70 Betriebe mit über 2000 Beschäftigten.

Zu den Pionieren der industriellen Metallverarbeitung gehörte Christoph Lüders. Seine 1828 am Görlitzer Obermarkt eröffnete Sattlerwerkstatt entwickelte sich rasch zu einer erfolgreichen Wagenbauanstalt. Mit seinen Produkten errang Lüders 1844 bei der Gewerbeausstellung in Berlin eine Preismedaille. Im Jahre 1849 verlegte Lüders seine Werkstätten an die Brunnenstraße, und mit einem Auftrag zur Fertigung von zwei Holztransportwagen für die Stadt begann der Aufstieg zum führenden Görlitzer Exportbetrieb. 1869 wurde das Unternehmen zur „Aktiengesellschaft für Fabrikation von Eisenbahnmaterial zu Görlitz" umgewandelt. Die Königlich-Preußische Eisenbahnverwaltung (KPEV) war einer der Hauptkunden der Firma. Neben zahlreichen Personen- und Güterwagen unterschiedlichster Ausführung lieferte das Werk auch Salonwagen für die preußische Regierung. So wurde z.B. 1890/91 ein vierachsiger Salon-Schlafwagen für die Begleitung der Kaiserin als Teil des Hofzuges gebaut. Aufmerksam verfolgte man in Görlitz neue Trends im Schienenfahrzeugbau. Im Jahre 1895 entstand hier für das Unternehmen G. Kromrey & Söhne der erste Vollspeisewagen Deutschlands. Fast alle deutschen Brauereien erhielten ihre Biertransportwagen aus Görlitz. Weltweites Aufsehen erregte das Unternehmen mit seinen Entwicklungen von Schnelltriebwagen. Am 15. Mai 1933 nahm „Der Fliegende Hamburger" den planmäßigen Verkehr zwischen Berlin und Hamburg auf. Er erreichte Spitzengeschwindigkeiten bis zu 165 km/h. Jahre später, 1963, versuchte der Waggonbau mit einem vierteiligen Schnellverbrennungstriebwagen an jene Tradition anzuschließen. Als VT 175 wurde er von Berlin aus

Triebwagen um 1900

Doppelstockgliederzug (Waggonbau Görlitz)

als „Karlex" und „Karola" nach Karlsbad, als „Vindobona" nach Wien und als „Neptun" nach Kopenhagen eingesetzt. Nach dem Zweiten Weltkrieg wandte sich der Betrieb vor allem dem Bau von Doppelstockwagen zu, die im Jahr 1952 erstmalig eingesetzt wurden. Einen Salonzug, bestehend aus 15 Wagen, fertigte der Waggonbau in den Jahren 1955 bis 1957 für den chinesischen Parteiführer Mao Tse-tung.

Ein zweites großes Unternehmen in dieser Stadt ist die im Jahre 1853 von Carl Körner „An der Bank" gegründete Maschinenbauanstalt. Auch sein Betrieb wuchs stetig und wurde 1872 in die „Görlitzer Maschinenbau-Anstalt und Eisengießerei AG" umgewandelt. Im Jahre 1886 bezog das Werk neue Produktionsstätten am „Biesnitzer Fußweg" südlich der Bahnstrecke. 1876 erwarb die Firma das Ausführungsrecht für die Präzisionsventilsteuerung nach Collmann und erhielt 1878 bei ihrer Präsentation zur Pariser Weltausstellung die Goldmedaille. Die Erzeugnisse des Unternehmens, vor allem Turbinen, Dampfmaschinen und Generatoren, genossen einen ausgezeichneten Ruf und wurden in viele Länder Europas und nach Südamerika geliefert. 1921 fusionierte die Firma mit der „Aktiengesellschaft für Fabrikation von Eisenbahnmaterial zu Görlitz" und wurde somit Teil der WUMAG.

Görlitz hat sich seit der Mitte des 19. Jahrhunderts zu einem Standort der Ziegeleimaschinenfabrikation herausgebildet. Die zwei bedeutendsten Vertreter sind die 1878 an der Leipziger Straße gegründete und 1899 an die Zittauer Straße verlegte Maschinenfabrik von Richard Raupach sowie die 1888 an der Reichenbacher Straße von August Roscher errichtete Ziegeleimaschinenfabrik. Letztere besaß zur Erprobung ihrer Anlagen eine eigene, wenn auch kleine Ziegelei. Ihren Absatz fand diese Industrie in Europa und Übersee. Einen gleichen Markt fand die Görlitzer Spezialmaschinenfabrik Ernst Hamburger an der Hilgerstraße, die sich insbesondere mit der Herstellung von Textil- und Brauereimaschinen beschäftigte. Mit der „Fabrik zur Herstellung von Feuerwehrgeräten, Pumpen und Metallwaren" des Rot- und Glockengießermeisters Gustav Adolph Fischer entstand 1864 an der Peterstraße 15 eines der ältesten deutschen Unternehmen dieser Branche. Eine der wenigen deutschen Firmen, die Eisenbahnzubehör fertigte, war die Eisenbahnsignalbauanstalt Müller und May in Görlitz-Rauschwalde. Die 1865 von Dr. Theodor Schuchardt an der Prager Straße begründete Firma hatte mit ihren wissenschaftlichen, schulischen und pharmazeutischen Präparaten sowie chemikalischen Erzeugnissen in aller Welt Beachtung und einen großen Markt gefunden. Zu den bekanntesten deutschen Kofferherstellern gehörte Julius Arnade aus Görlitz-Moys (1871 begründet). Seine Lederwaren fanden in fast allen Ländern der Erde Absatz.

Einen bedeutenden Beitrag zur deutschen Fotografiegeschichte leistete die optische Industrie der Stadt. Neben den Firmen von Curt Bentzin, Gebr. Herbst, Quill, Schulze & Billerbeck, Kügler und Reinsch ist vor allem Hugo Meyer mit seiner 1896 an der Löbauer Straße gegründeten und später nach der Biesnitzer Straße verlegten Firma zu nennen. Dieses Unternehmen entwickelte und produzierte u.a. Objektive, so z.B. das Aristostigmate und das Tessar und erlangte mehrfach Preismedaillen bei internationalen Ausstellungen. Die Kakao-, Schokoladen und Zuckerwarenfabrik Mattke und Sydow an der Pomologischen Gartenstraße war ein erstklassiges deutsches Markenzeichen. Mit ihren Erzeugnissen eroberte

sich die Firma Märkte in Europa, Amerika und Afrika. Die Spielwarenbranche hatte mit den Görlitzer Firmen Hannes & Co. (Berliner Straße 53) und Brüder Seibt (Blumenstraße 6) erfolgreiche Vertreter. Die hier hergestellten

Fellspielpferde waren nach der Jahrhundertwende ein begehrter Exportschlager. Eine der wenigen deutschen Firmen zur Herstellung von Reiseandenken war die Görlitzer Firma Hugo Gutte und Co. an der Leipziger Straße 19. Eine besondere Spezialität war die Anfertigung von Perlmuttbildern. Um die Jahrhundertwende hatten in Görlitz eine große Zahl von Goldschmieden und Steinschleifereien ihren Sitz. Ihre Konzentration läßt sich wohl mit dem stetigen Zuzug wohlhabender Rentiers und Pensionäre in diese Stadt erklären. Im Vordergrund standen die Anfertigung von Ringen und die Herstellung von silbernen Eßgeschirren und -bestecken. Zu den renommiertesten Unternehmen am Ort zählten Herrmann Drechsler, 1851, Hugo Stiller, 1872, Robert Altermann, 1879 gegründet. Auf die Herstellung von Fruchtsäften und Essenzen spezialisierte sich die Firma Dr. Mensching & Spengler GmbH an der Augustastraße 23. Sie war das führende Unternehmen dieser Branche in Schlesien und in ganz Deutschland. Ihre Brauselimonaden, Sirupe, Liköre und giftfreien Farben wurden nach allen europäischen Ländern ausgeführt. Der Buchstabe „L" und der Werbespruch „Landskron-Bier immer ein Genuß"...standen für das bekannte wie beliebte Erzeugnis der Görlitzer Aktienbrauerei. Im Jahre 1869 gegründet, fand das Unternehmen seinen Platz hoch über der Neiße zwischen Weinberg und Blockhaus. Der im Westen angrenzende „Schellergrund" unterstreicht diese überaus reizvolle Lage. Die landschaftsgestalterisch sehr abwechslungsreiche Anlage entstand nach der Jahrhundertwende und geht auf den Direktor der Aktienbrauerei, Theodor Scheller, zurück. Als bedeutendster Hersteller des Gerstensaftes in Schlesien lieferte das Unternehmen in alle Teile Deutschlands.

Der Zweite Weltkrieg und seine politischen Ergebnisse haben der einstigen Bedeutung von Görlitz als Gewerbe- und Industriestandort Abbruch getan. Zahlreiche kleinere Unternehmen nahmen ihre Arbeit nicht mehr auf oder haben diese in den folgenden Jahren ersatzlos eingestellt. Andere wiederum sind in größeren Unternehmen aufgegangen. Trotzdem können Görlitzer Betriebe in der Nachkriegszeit auf beachtliche Leistungen verweisen. Neben dem schon erwähnten Doppelstockzug und dem Triebwagen des Waggonbaus Görlitz haben die Erzeugnisse der KEMA und des Feinoptischen Werkes, des Beleuchtungsglaswerkes und der Bekleidungswerke „Steppke" für einen guten Ruf im Lande gesorgt. Mit dem Kondensatorenwerk hatte sich ein neuer Industriezweig in der Stadt niedergelassen. Der Strukturkrise zu Beginn der neunziger Jahre fielen nicht wenige Betriebe zum Opfer, darunter auch die traditionsreiche optische Industrie. Die Zukunft wird aber neue Unternehmen in Görlitz beheimaten, und diese werden hier und da auch an alte Traditionen anknüpfen können.

14 Bekannte und Unbekannte

Die Görlitzer Kulturlandschaft hat viele bedeutende Persönlichkeiten geprägt. Politiker, Wissenschaftler und Künstler haben für das Ansehen dieser Stadt in der Region, im Land, in der ganzen Welt Beachtliches geleistet.

Georg Emmerich (1422, Görlitz – 1507, Görlitz) zählt zu den herausragenden Görlitzer Persönlichkeiten des Spätmittelalters. Die Legende nennt ihn den „König von Görlitz". Er wirkte als Bürgermeister und galt als äußerst erfolgreicher Kaufmann. Seine innige Beziehung zu Benigna Horschel führte zu politisch gefärbten Auseinandersetzungen der Familien und war so Ausgangspunkt der 1467 blutig niedergeschlagenen „Pulververschwörung". Von einer Wallfahrt nach Jerusalem kehrte er als „Ritter des heiligen Grabes" zurück. So sorgte Emmerich seit 1465 auch für die Errichtung der Görlitzer Nachbildung des Heiligen Grabes. Sein Zeitgenosse **Johannes Frauenburg** (1430, Danzig – 1495, Görlitz) gilt als der bedeutendste Görlitzer Stadtpolitiker im Mittelalter. Seine Klugheit und sein Geschick als Verwaltungsbeamter stellte er oft in den Auseinandersetzungen mit dem Landesherren, dem Ungarkönig Matthias Corvinus, unter Beweis. Das reiche Quellenmaterial belegt sein Wirken, so u.a. die im Jahre 1476 verfaßten Instruktionen für einen Görlitzer Bürgermeister. Nur wenige Jahrzehnte später folgte **Johannes Haß** (1475, Greiz – 1544, Görlitz) ihm in diesem Amte. Haß war einer der besten Chronisten des 16. Jahrhunderts. Sein Wirken als Oberstadtschreiber fiel in die Zeit wirtschaftlicher Blüte von Görlitz. Aus seiner Feder entstammen die „Ratsannalen". Zu jener Zeit ar-

beitete **Albrecht Stieglitzer** (? – 1514, Görlitz) als Stadtwerkmeister in Görlitz. Sein Porträt hat sich als Brustbild
unter der nordöstlichen Konsole am Chor der Annenkapelle, die er in den Jahren 1508 bis 1512 im Auftrage des
Kaufmannes Hans Frenzel baute, erhalten. **Wendel Roskopf d. Ä** (um 1480, ? – 1549, Görlitz) folgte ihm nicht
nur im Amte, sondern er ehelichte auch 1533 dessen
Witwe. Seine Ausbildung empfing er bei Benedikt Ried in
Prag. Nach einem Stadtbrand führte er im Jahre 1526 mit
dem Schönhof die Renaissancebaukunst in Görlitz ein.
Von ihm stammen u.a. die Treppe und der Archivflügel
des Görlitzer Rathauses. Auch anderenorts, wie z.B. in
Tabor (Rathausturm), Bunzlau (Rathaus) oder auf der
Gröditzburg, ist sein Wirken belegt. Als Meistersänger
wurde der Görlitzer **Adam Puschmann** (1532, Görlitz –
1600, Breslau) bekannt. Seine Ausbildung erhielt er auf
seiner Wanderschaft bei Onophrius Schwarzenbach in
Augsburg und Hans Sachs in Nürnberg. Seine Erfahrungen legte er 1571 in seinem Buch „Gründlicher Bericht
des deutschen Meistergesanges" nieder. Der Kartograph, Mathematiker, und Astronom **Bartholomäus
Scultetus** (1540, Görlitz – 1614, Görlitz) zählt zu den bedeutenden Gelehrten seiner Zeit. Von ihm stammt die erste Landkarte der Oberlausitz (1593). In seinem Görlitzer
Haus Peterstraße 4 wurde Scultetus von Männern wie
Tycho de Brahe und Johannes Kepler aufgesucht. Im
Auftrag Kaiser Rudolphs II. führte er in der Oberlausitz
den Gregorianischen Kalender ein. Er bekleidete hohe
Ämter, darunter mehrfach das des Bürgermeisters.

In dieser Eigenschaft erteilte Scultetus **Jacob Böhme**
(1575, Altseidenberg – 1624, Görlitz) 1599 das Wohn-
recht und die Genehmigung zur Eröffnung einer Schuh-
bank. Der Handwerksmeister gilt als einer der führenden

Denker des frühen 17. Jahrhunderts. Mit seinem Hauptwerk „Aurora oder die Morgenröte im Aufgang" legte der Mystiker Böhme Grundlagen für die klassische deutsche Philosophie. Sein Werk fand auf der ganzen Welt Verbreitung. Der bedeutende sächsische Philosoph und Naturwissenschaftler **Ehrenfried Walter Graf von Tschirnhaus** (1651, Kieslingswalde – 1708, Dresden) erhielt während seiner Ausbildung am Görlitzer Gymnasium Augustum wichtige Anregungen für seine spätere wissenschaftliche Arbeit. Neben vielen anderen gilt Tschirnhaus als der geistige Vater des Meißner Porzellans, das Johann Friedrich Böttger (1682-1719) im Jahre 1709 herstellte. **Samuel Grosser** (1664, Paschkerwitz – 1736, Görlitz) war Schüler des berühmten Rektors des Zittauer Gymnasiums und Dichters Christian Weise. 1695 – 1736 stand er dem Görlitzer Gymnasium als Rektor vor, 1712 wurde er zum Mitglied der durch Gottfried Wilhelm Freiherr von Leibniz begründeten Kurfürstlich-Brandenburgischen Societät der Wissenschaften, der späteren preußischen Akademie der Wissenschaften zu Berlin, gewählt. Er verfaßte 1714 unter dem Titel „Lausitzische Merckwürdigkeiten…" eine erste größere Geschichte der Lausitz in deutscher Sprache. Einen bedeutenden Beitrag zur Geschichte der Musik im 18. Jahrhundert leistete **Johann Adam Hiller** (1728, Wendisch-Ossig – 1804, Leipzig). Sein Wirken als Komponist, Dirigent und insbesondere als Gesangspädagoge war in ganz Deutschland bekannt. Im Leipziger Musikleben spielte er als Direktor des „Großen Konzertes", als Gewandhauskapellmeister und als Thomaskantor eine herausragende Rolle.

Zu den Vertretern der Aufklärung in der Oberlausitz zählt der Oberamtsadvokat und Rechtsgelehrte **Karl Gottlob Anton** (1751, Lauban – 1818, Görlitz). Große

Verdienste erwarb er sich bei der Erforschung der sorbischen Sprache und ihrer Geschichte. Im Jahre 1779 begründete er gemeinsam mit dem Naturwissenschaftler, Ökonomen und Philanthropisten **Adolf Traugott von Gersdorf** (1744, Niederrengersdorf – 1807, Meffersdorf) die Oberlausitzische Gesellschaft der Wissenschaften. Die Nachlässe beider Gelehrten, selbst das Haus Neißstraße 30 entstammt dem Besitz Antons, werden heute in den Städtischen Kunstsammlungen Görlitz bewahrt. Dazu zählen auch die Gersdorfschen Arbeiten zur Elektrizitätslehre, seine Mineraliensammlung und seine umfangreichen Reisebeschreibungen, in denen er u.a. im Jahre 1786 als Augenzeuge von der Erstbesteigung des Mont Blanc durch die Schweizer Alpinisten Dr. Paccard und den Bergführer Blamat berichtete. Zu dem Kreis der Begründer der Oberlausitzischen Gesellschaft der Wissenschaften gehört auch **Carl Adolf Gottlob von Schachmann** (1725, Hermsdorf – 1789, Herrnhut). Durch seine Reformen in der Agrarwirtschaft genoß sein Besitz in Königshain den Ruf eines Mustergutes. So führte er u.a. 1779 die Ablösung der bisher erbuntertanen Bauern von der Fron ein. Mit seinen Arbeiten als Natur- und Altertumsforscher, Münzsammler und Grafiker leistete er einen bedeutenden Beitrag zur Wirksamkeit der Gelehrtengesellschaft.

Der Physiker **Johannes Samuel Traugott Gehler** (1757, Görlitz – 1795, Leipzig) unterrichtete an der Leipziger Universität und erwarb sich Verdienste durch sein 1787 und 1795 herausgegebenes physikalisches Wörterbuch. Einer der größten deutschen Meister der Radierkunst ist **Christian Gottlieb Geyser** (1742, Görlitz – 1803, Leipzig). Seine künstlerische Ausbildung erhielt er u.a. bei Adam Friedrich Oeser, dessen jüngste Tochter er

1787 heiratete. Seine außergewöhnliche Begabung trat vor allem bei der Buchillustration hervor, so daß er u.a. zur Ausstattung von Erstausgaben bedeutender Dichter herangezogen wurde.

Der Maler und Grafiker **Christoph Nathe** (1753, Nieder Bielau – 1806, Schadewald) erhielt ebenso seine Ausbildung bei Adam Friedrich Oeser und war ab 1787 als Zeichenlehrer in Görlitz tätig. So begleitete er u.a. von Gersdorf, Meyer v. Knonow und Schachmann auf ihren Forschungsreisen. Der Architekt und Zeichner **Johann Gottfried Schultz** (1734, Görlitz – 1819, Niesky) hat sich mit der ersten Inventarisation Oberlausitzer Kulturdenkmäler große Verdienste erworben. Als eines der besten künstlerischen Talente erwies sich **Franz Gareis** (1775, Marienthal – 1803, Rom). Er ging mit 16 Jahren an die Dresdner Akademie und erfuhr von Casanova seiner Begabung wegen eine besondere Förderung. Auf zahlreichen Ausstellungen der Akademie erhielt er große Anerkennung. 1801 reiste Gareis, ausgestattet mit einer Pension des Kurfürsten, zu Studien nach Rom, wo er einem Fieber erlag.

Der Stadtarzt **Christian August Struve** (1767, Görlitz – 1807, Görlitz) führte in Görlitz und Umgebung die Schutzimpfung gegen Pocken ein. Bedeutende Verdienste erwarb er sich durch seine sozialhygienische Aufklärungsarbeit. Darauf verweisen u.a. auch die von ihm verfaßten „Noth- und Hülfstafeln". Zahlreiche Anregungen für sein medizinisches Wirken erhielt er durch die Gersdorfschen Versuche mit elektrischen Apparaturen zur Behandlung von Kranken. Einer der fähigsten preußischen Heerführer, General **Hans von Winterfeld** (1707 – 1757, Görlitz), wurde im Siebenjährigen Krieg bei einem Gefecht mit österreichischen Truppen in der Nähe von

Moys verwundet und verstarb einen Tag später im Hause Obermarkt 8 in Görlitz. Ähnlich erging es gut fünfzig Jahre später einem französischen Feldherrn. Während eines Gefechtes zwischen dem napoleonischen Heer und Truppen der Befreiungsarmee bei Markersdorf traf am 22. Mai 1813 den **Marschall Giraud Christophe Michel Duroc, Herzog von Friaul** (1772, Pont-à-Mousson – 1813, Markersdorf) die Kugel eines feindlichen Geschützes und zerfetzte ihm das rechte Bein. Nach 14 Stunden erlag er seiner Verletzung. Duroc gehörte zu den höchsten Würdenträgern Frankreichs und galt als engster Vertrauter Napoleons. Sein Leichnam wurde vom Haus Brüderstraße 3 zur Beisetzung in den Pariser Invalidendom übergeführt.

Der Tuchkaufmann und international geschätzte Ornithologe **Johann Gottlieb Krezschmar** (1785, Altenburg – 1869, Görlitz) begründete im Jahre 1811 den Ornithologischen Verein zu Görlitz. Seit 1816 stand diesem **Johann Traugott Schneider** (1788, Görlitz – 1835, Görlitz) vor, der nach den Wirren der Befreiungskriege dem Vereinsleben nicht nur neue Impulse verlieh, sondern ihn im Jahre 1823 auch in die Naturforschende Gesellschaft umwandelte.

Die Entwicklung von Görlitz zu einer der charaktervollsten deutschen Provinzstädte im 19. Jahrhundert ist eng mit dem Namen **Gottlob Ludwig Demiani** (1786, Dresden – 1846, Dresden) verbunden. Als Stadtkämmerer und ab 1833 als Bürgermeister veranlaßte er mit großem Weitblick neben der Reorganisation der städtischen Verwaltung u.a. die Schaffung moderner sozialer Einrichtungen, die Anlage eines Stadtparkes, die kommunale Nutzung der Görlitzer Heide sowie den Anschluß der Stadt an das preußische und sächsische Eisenbahnnetz. Im

Jahre 1844 ernannte ihn König Friedrich Wilhelm IV. zum ersten Oberbürgermeister von Görlitz. Demiani rief im Jahre 1836 **Ferdinand Wilhelm Kaumann** (1798, Sorau – 1868, Görlitz) nach Görlitz und übertrug ihm die Leitung der städtischen Schulen. Er unterrichtete Geschichte und verfaßte zahlreiche Schulschriften. Als geistiger Vorkämpfer des bürgerlichen Schulfortschritts in Görlitz zählt er zu den bedeutendsten Männern der ersten Hälfte des 19. Jahrhunderts. Seinen Lebensabend verbrachte der berühmte Berliner Schulbuchautor **Karl Julius Ploetz** (1820, Berlin – 1881, Görlitz) in Görlitz. Von ihm stammten Lehrbücher zur französischen Sprache, die in Deutschland angewendet wurden und wegen ihrer Methodik große Aufmerksamkeit erregten.

Der Görlitzer Kaufmann **Robert Oettel** (1798, Görlitz – 1884, Görlitz) hat sich um die Entwicklung der Geflügelzucht in Deutschland verdient gemacht. Im Vordergrund seines Wirkens standen wissenschaftliche Züchtungsmethoden und die Beachtung der Grundsätze der Rassezucht. Er gründete am 18. Oktober 1852 in Görlitz den Hühnerologischen Verein, der nach nur fünf Jahren bereits über 1000 Mitglieder, darunter auch aus Frankreich, Spanien und sogar aus den USA, zählte. **Johann Christoph Lüders** (1803, Bittingerode – 1872, Görlitz) ist einer der Pioniere der Görlitzer Industrialisierung und Beispiel bürgerlichen Unternehmerwillens der ersten Hälfte des 19. Jahrhunderts. Im Jahre 1828 begründete er am Obermarkt eine Sattlerwerkstatt, aus der bereits zwei Jahre später eine Wagenbauanstalt am Rademarkt (Demianiplatz) hervorging. Mit einem Auftrag zur Herstellung von zwei Eisenbahnwagen für die Stadt verlegte er seine Produktionsstätten an die Brunnenstraße und entwickelte sein Unternehmen zum größten Görlitzer Exportbetrieb.

Um die Entwicklung des heutigen Stadtzentrums hat sich der Jurist und Oberbürgermeister **Carl Eduard Maximilian Richtsteig** (1809, Glogau – 1879, Kroppen) Verdienste erworben. Richtsteig entwarf im Jahre 1847 ein Baustatut für die südwestliche Vorstadt, das bis in das letzte Drittel des 19. Jahrhunderts angewendet wurde. Durch einen klaren, für Deutschland in dieser Form einmaligen juristischen Handlungsrahmen, schuf er wesentliche Grundlagen für die Stadtentwicklung ab 1871. Wichtige Vorarbeiten leistete er auch für den Anschluß von Görlitz an das preußische und sächsische Eisenbahnnetz und später für die Heranführung der Berlin-Görlitzer-Eisenbahn. Der Apotheker **Felix Georg Reinhard Peck** (1823, Görlitz – 1895, Görlitz) erwarb große Verdienste um die Sammlungen der Naturforschenden Gesellschaft zu Görlitz und stand diesen ab 1860 vor. Er leitete u.a. den städtischen Botanischen Garten sowie die meteorologische Station in Görlitz. Seine wissenschaftlichen Leistungen erfuhren 1873 mit der Verleihung der Ehrendoktorwürde durch die Universität Breslau ihre Würdigung. Nach seinem Tode rief die Naturforschende Gesellschaft den seit 10 Jahren in New York lebenden **Hugo Benno Karl August v. Rabenau** (1845, Görlitz – 1921, Görlitz) in das Amt des Direktors, der mit großem wissenschaftlichen Eifer die Arbeit Pecks fortsetzte.

Der Görlitzer Naturforscher **Hermann Steudner** (1832, Greifenberg – 1864, Wan) schloß sich nach seinen Studien in Berlin und Würzburg einer Expedition zur Erforschung der Niltäler unter von Heuglin an. Görlitz bewahrte sein Andenken mit einem Denkmal im Stadtpark. Die Stele befindet sich heute auf dem Alten Städtischen Friedhof. **Moritz Böttcher** (1828, Herzogswalde – 1907 Görlitz) gilt als der Turnvater von Görlitz. Auf ihn geht die

Begründung des ersten Turnplatzes im Jahre 1847 an der Jacobstraße, heute Schulstraße, zurück. **Hermann Andreas Reimer** (1825, Berlin – 1906, Stuttgart) zählt zu den bedeutenden Arztpersönlichkeiten des 19. Jahrhunderts. Er begründete 1854 mit der an der Promenade gelegenen „Heilanstalt für an Epilepsie leidende Kranke" die erste Spezialklinik für Epilepsie in der Welt. Diese wurde seit 1867 durch **Karl Ludwig Kahlbaum** (1828, Driesen – 1899, Görlitz) weitergeführt und erweitert. Er gilt als einer der bedeutendsten Vertreter der Psychiatrie des 19. Jahrhunderts. Die Kahlbaumschen Prinzipien für die Aufstellung der psychischen Krankheitsformen sind heute noch die Grundlage für die moderne Forschung. In jener Anstalt verbrachte **Minna Herzlieb** (1789, Züllichau – 1865, Görlitz), einst Freundin Goethes und vermutlich auch das Vorbild für die Ottilie in seinen „Wahlverwandschaften", ihre letzten Lebensjahre. In den Jahren 1889 und 1890 war der berühmte schwedische Dichter **Gustav Fröding** (1860, Alsterherrenhof – 1911, bei Karlstad) Kurgast in der Kahlbaumschen Anstalt. Sein Görlitzer Aufenthalt gilt als entscheidend für seine folgende künstlerische Entwicklung. Zu den beliebtesten Lustspielautoren Deutschlands am Ende des vergangenen Jahrhunderts zählte **Gustav von Moser** (1825, Spandau – 1903, Görlitz). Nach dem Ende seiner militärischen Laufbahn versuchte er sich mehr zum Zeitvertreib als Autor kleinerer Bühnenstücke. Der Erfolg ließ bald darauf in Zusammenarbeit mit anderen Autoren weitere Werke entstehen, am Ende waren es 108. Im Alter ließ sich Moser in Görlitz nieder und führte seine Stücke zur Probe an den Görlitzer Bühnen auf. Das Görlitzer Musikleben im späten 19. und frühen 20. Jahrhundert ist eng mit dem Wirken des Diplomaten, Komponisten und späteren Generalintendanten des Königlichen Schauspielhauses in Berlin, **Hans Heinrich XIV. Bolko Graf von Hochberg** (1843, Schloß Fürstenstein – 1925, Bad Hochberg), verbunden. Die von ihm 1876 begründeten und ab 1889 regelmäßig in Görlitz veranstalteten Schlesischen Musikfeste waren durch die Teilnahme hervorragender Chöre und Klangkörper weithin beachtete Konzertereignisse. Bolko von Hochberg förderte darüber hinaus den Bau der Stadthalle, die ab 1910 Heimstatt der Festspiele wurde. Der Tabakarbeiter **Hugo Keller** (1842, Breslau – 1924, Görlitz) gilt als der Begründer der Görlitzer Arbeiterbewegung. Er vertrat die Görlitzer Mitglieder des ADAV auf zahlreichen Generalversammlungen, kandidierte später für die SPD und war Teilnehmer verschiedener Parteitage. Von 1903 bis 1924 wirkte er als Stadtverordneter.

Der Volksschullehrer **Emil Barber** (1857, Thiemendorf – 1917, Görlitz) genoß durch sein Wirken als Botaniker einen hervorragenden Ruf, der weit über die Grenzen der Oberlausitz hinausreichte. Er galt als der bedeutendste Pflanzenkenner der Region. Darüber hinaus verdienen seine Mundartdichtungen gebührende Beachtung. Zu den bedeutenden Görlitzer Chronisten gehört **Eduard Gustav Robert Scholz** (1867, Bunzlau – 1926, Görlitz). In seiner im Jahre 1867 an der Klosterstraße (Bismarckstraße) begründeten Photographischen Anstalt befaßte er sich mit der Herstellung von Aufnahmen jeder Art, vor allem Stadtansichten. Seit den achtziger Jahren fertigte er als erster Görlitzer Fotograf Trockenplatten. Seine Arbeiten wurden mit zahlreichen Medaillen gewürdigt, so z.B. 1875 und 1880 in Wien, 1886 in Calcutta und Philadelphia. Teile seines Negativarchivs werden in den Städtischen Kunstsammlungen Görlitz bewahrt. Als Nestor des Görlitzer Museumswesens ist **Ludwig Feyerabend** (1855, Auras – 1927, Würzburg) zu würdigen. Seit 1903 stand er dem Kaiser-Friedrich-Museum vor und führte die Sammlungen zu beachtlicher Vielfalt und Größe. Im Jahre 1888 begründete er die Gesellschaft für Anthropologie und Urgeschichte der Oberlausitz und stand ihr fast vierzig Jahre lang vor. Zu den Görlitzer Persönlichkeiten des frühen 20. Jahrhunderts gehörte der Großkaufmann **Martin Ephraim** (1860, Görlitz – 1944, Theresienstadt). Er förderte in besonderem Maße die Entwicklung der Städtischen Kunstsammlungen in der Oberlausitzer Gedenkhalle. Um die Erforschung der Geschichte der Stadt Görlitz und der Oberlausitz machte sich **Richard Jecht** (1858, Bornstedt – 1945, Dresden) verdient. Als Sekretär der Oberlausitzischen Gesellschaft der Wissenschaften und als Ratsarchivar veröffentlichte er zahlreiche historische Abhandlungen sowie Bearbeitungen von Urkundenbänden und legte wesentliche Grundlagen für die wissenschaftliche Arbeit in der Gegenwart. In den Jahren 1954 bis 1967 stand **Walther Haupt** (1895, Dresden – 1990, Görlitz) dem Görlitzer Ratsarchiv vor. Im Sinne Richard Jechts führte er es als eine Stätte der regionalen Forschung weiter. Viel beachtet waren seine wissenschaftlichen Arbeiten zur sächsischen Münzkunde.

Ein Astronom der klassischen Schule war **Karl Friedrich Küstner** (1856, Görlitz – 1938, Mehlem). Er schuf ein Katalogwerk über 10 663 Sterne. Der Ingenieur **Rudolf Pawlikowski** (1868, Dresden – 1942, Görlitz), seit 1900 in Görlitz beheimatet, entwickelte einen Kohlenstaubmotor. Seine Erfindung konnte sich jedoch nicht durchsetzen. Im Jahre 1911 legte **Marie-Elise Kayser** (1885, Görlitz – 1950, Erfurt) ihr medizinisches Staatsexamen in Jena ab. Als Kinderärztin erwarb sie sich mit ihrer Begründung von Frauenmilchsammelstellen große Verdienste bei der Verbesserung der Säuglingsernährung. **Hildegard Burian** (1883, Görlitz – 1933, Wien) gehört zu den bedeutenden Frauenpersönlichkeiten. Die Philosophin erwarb sich Verdienste bei der Bekämpfung der Kinderarbeit und bei der Gestaltung der österreichischen Sozialgesetzgebung. 1912 begründete sie in Wien die „Sozialhilfe". Auf sie geht die Einrichtung der ersten Frauenhäuser zurück. Ein berühmter Philosoph war **Jonas Cohn** (1869, Görlitz – 1947, Birmingham). Er hatte ab 1901 eine Professur an der Universität Freiburg im Breisgau inne und beschäftigte sich vor allem mit der Wertwissenschaft und den Wechselwirkungen zwischen Individium und Gesellschaft. Eine bedeutende Rolle im Görlitzer Kunstleben der zwanziger Jahre spielte der expressionistische Maler **Fritz Neumann-Hegenberg** (1884, Strehlen – 1924, Görlitz). Mit Vorträgen über Kunst und dem Versuch, im „Jakob-Böhme-Bund" erstmals einheimische Künstler zusammenzuführen, beeinflußte er die einheimische Szene nachdrücklich.

Ein außergewöhnlich begabter Maler und Grafiker war **Arno Henschel** (1897, Görlitz – 1945, verschollen). Seine Arbeiten im Stile der „Neuen Sachlichkeit" verraten den Einfluß Alexander Kanoldts, dessen Schüler er ab 1925 an der Breslauer Akademie war. 1937 wurde er mit dem Schlesischen Kunstpreis geehrt. Ein großes Görlitzbild schmückt den Sitzungsraum des Stadtparlaments im Rathaus.

Zu den bedeutenden Görlitzer Künstlerpersönlichkeiten zählte **Johannes Wüsten** (1896, Heidelberg – 1943, Brandenburg-Görden). Seine Gemälde, Kupferstiche und Romane erregten wegen ihrer sozialkritischen Themenstellung in Deutschland Aufsehen. Ab 1933 organisierte Wüsten die Görlitzer Widerstandsbewegung und mußte bald ins Exil nach Prag und später nach Paris gehen.

Der talentierte Maler und Grafiker **Otto Engelhardt-Kyffhäuser** (1884, Artern – 1965, Göttingen) wirkte als Zeichenlehrer an der Görlitzer Luisenschule und war Mitbegründer des Lausitzer Künstlerbundes. Arbeiten wie „Der große Treck" brachten ihm Anerkennung und machten die offizielle Kunstpolitik nach 1933 auf ihn aufmerksam.

Der Architekt **Albert Mayer** (1897, Penzig – 1981, Görlitz) hat sich nach dem Zweiten Weltkrieg bei der Erhaltung des Görlitzer Stadtbildes und der Instandsetzung denkmalgeschützter Bauten große Verdienste erworben. Von ihm stammt u. a. der beispielhafte Entwurf des altstadtadäquaten Neubaus Obermarkt 30 / Fleischerstraße 1-2.

Zu den bedeutenden Publizisten unseres Jahrhunderts gehört **Ludwig Kunz** (1900, Görlitz – 1976, Amsterdam). Geprägt von der expressionistischen Literatur seiner Zeit, begründete er mit 23 Jahren in Görlitz die „Freie Gruppe: Die Lebenden". Bis 1931 erschienen seine literarischen Flugblätter. Als Jude mußte er 1938 seine Heimat verlassen und wurde nach dem Krieg in Holland als Kritiker, Herausgeber und Übersetzer tätig. Rechtsanwalt **Paul Mühsam** (1876, Brandenburg – 1960, Jerusalem), machte sich als Autor zahlreicher Bücher humanistischen Inhalts einen Namen.

In den Jahren 1928 bis 1933 besuchte der große Einzelgänger der westdeutschen Nachkriegsliteratur **Arno Schmidt** (1914, Hamburg – 1979, Celle) die Görlitzer Oberrealschule.

Der Erzähler **Herbert von Hoerner** (1884, Kurland – 1950, Torgau) war in den Jahren 1928 bis 1945 als Zeichenlehrer am Görlitzer Gymnasium Augustum tätig. Für seinen Roman „Der graue Reiter" erhielt er 1941 den „Literaturpreis der Reichshauptstadt".

Der Schauspielkunst verschrieb sich **Werner Finck** (1902, Görlitz – 1978, München). Nach Engagements in Bunzlau, Dresden und Darmstadt ging er nach Berlin, um in Kabarettprogrammen aufzutreten. 1929 gründete er die „Katakombe", die als das lebendigste literarisch-politische Kabarett Berlins in der ersten Hälfte der dreißiger Jahre bis zur zwangsweisen Schließung 1935 galt. Nach dem Zweiten Weltkrieg konnte Finck mit verschiedenen Formen, u.a. mit seinen Einmann-Kabarettabenden, die Arbeit wieder aufnehmen.

Im Jahre 1924 gründete der Glasschleifer **Richard Süßmuth** (1900, Ruhland – 1974, Immenhausen) in Penzig seine Glaswerkstatt und führte sein Handwerk zu hoher künstlerischer Meisterschaft. Nach dem Zweiten Weltkrieg ließ er sich in Immenhausen nieder und betrieb sein Unternehmen bis 1960. Zahlreiche seiner Arbeiten werden heute von den Kunstsammlungen bewahrt.

15 Görlitzer Stadtoberhäupter

seit der Einführung
der Steinschen Städteordnung

1833 – 1846	Gottlob Ludwig Demiani	(1786 – 1846)
1847	Friedrich Wilhelm Fischer	
1847 – 1856	Gottlob Jochmann	(1799 – 1856)
1858 – 1866	Hugo Leopold Wilhelm Sattig	(1807 – 1884)
1866 – 1871	Carl Eduard Maximilian Richtsteig	(1809 – 1879)
1871 – 1881	Friedrich Carl Johannes Gobbin	(1834 – 1881)
1881 – 1893	Clemens Theodor Reichert	(1829 – 1893)
1894 – 1906	Paul Büchtemann	(1851 – 1914)
1906 – 1927	Georg Snay	(1862 – 1930)
1927 – 1931	Dr. Georg Wiesner	(1884 – 1931)
1931 – 1934	Wilhelm Duhmer	(1884 – 1964)
1934 – 1938	Konrad Jenzen	(1882 – ?)
1938 – 1940	Dr. Hans Damrau	(1902 – 1952)
1940 – 1944	Ernst Leichtenstern	(1895 – 1945)
1944 – 1945	Dr. Hans Meinshausen	(1898 – 1948)
1945	Alfred Fehler	(1879 – 1945)
1945	Walter Oehme	(1892 – 1969)
1946 – 1950	Kurt Prenzel	(1900 – 1976)
1950 – 1954	Willi Ehrlich	(1916 – 1977)
1954 – 1960	Bruno Gleisberg	(1893 – 1960)
1960 – 1962	Charlotte Umlauf	*1920
1962 – 1964	Gerhard Simon	
1964 – 1979	Werner Dietrich	*1919
1979 – 1989	Kurt Butziger	*1937
1989 – 1990	Gerd Eichberg	*1947
1990 –	Matthias Lechner	*1951

16 Sprachliches

In Görlitz wird Umgangssprache gesprochen. Das ist eine Mischung zwischen Mundart und Hochsprache. Die Umgangssprache, die sich der Schriftsprache zunehmend nähert, ist dennoch mit Mundartlichem durchsetzt, so daß die besondere Görlitzer Umgangssprache entsteht. Sie wirkt über die Stadtgrenze hinaus und färbt zunehmend die Sprachgewohnheiten auch im Umland. Es gibt um Görlitz herum keine reine Mundart mehr.

Ein deutlich hörbares Merkmal der lausitzisch-schlesischen Mundart ist das rollende „r" und ein dunkel gesprochenes „l". Es klingt so dunkel, weil es im hinteren Mundraum vorgebildet wird, ehe die Zunge an die obere Zahnreihe stößt. Diese beiden Merkmale sind aber zweitrangig. Beispielsweise gibt es andere rollende „r" auch im Ostpreußischen und im Niederdeutschen. In der Görlitzer Umgangssprache sind diese beiden für das Umland typischen Merkmale allerdings nicht zu finden.

Einige typische Beispiele von Lautbildern, an denen man fast mit Sicherheit einen Görlitzer oder einen aus der näheren Umgebung erkennt: Statt „ja" als Bestätigung sagt der Görlitzer „nu" (kurz gesprochen). Er sagt zum Beispiel: „Komm ock" oder „Komm ocke" für „Komm doch", „Komm doch nur". Er sagt: „So geht's oh", „So geht's och" für „So geht's auch". Vokale werden häufig umgebildet und dann umgelautet: „nö" statt „nein", seltener „nee"; „Kürsche" statt „Kirsche"; „Kürche" statt „Kirche"; „Schüller" statt „Schiller"; „ölf" statt „elf".

Einige Wortbeispiele sollen ebenfalls genannt werden. Die Ausdehnung ist aber manchmal größer und reicht auch in den sächsischen Raum hinein oder darüber hinaus. „Husche" für einen kurzen Regen; „geschlost" für einen sehr starken Regen; „Questen" für betteln; „dergeln" für schlechtes Halten oder Hin- und Herbewegen eines Kindes im Arm. Besonders interessant ist dabei, daß es in der Mundart Wörter gibt, für die in der Hochsprache Entsprechungen fehlen und die sich nur durch eine Wortgruppe oder einen ganzen Satz umschreiben lassen. Einige der oben genannten Beispiele machen das deutlich. Bei den Alten auf den Dörfern kann man manchmal noch hören „soin" für „sagen"; „droige" für „trocken".

Für die Verdrängung der Mundart und ihre Umbildung zu einer Umgangssprache gibt es viele Ursachen, die einen mehr oder minder großen Einfluß ausüben. Industrialisierung, Bildung, Zu- und Abwanderung, also Mischung und nicht zuletzt eine lange Zeit vorwaltende negative Meinung zur Mundart, um nur einige Beispiele zu nennen. Zwar scheint diese negative Einstellung sich langsam zu wandeln, aber eine Mundart ist dadurch nicht in allen ihren Formen wiederzubeleben. Von besonderer Wirkung beim allmählichen Absterben einer Mundart ist die millionenfache Aussiedlung der Schlesier und ihre Zerstreuung über ganz Deutschland. Auf diese Weise ist das gesprochene Schlesisch untergegangen. Das noch Vorhandene sind Reste, die sich nicht werden halten können.

Die Ursprünge der Mundart, die hier zu Hause war, reichen weit zurück. Im Zuge der deutschen Ostexpansion des Mittelalters machten sich deutsche Stämme, vor allem aus Franken, Thüringen und dem Rheinland auf den Weg in das heutige Gebiet der Lausitz und Schlesiens. Diese Stämme waren an der Bildung der lausitzisch-schlesischen Mundart beteiligt. Aber nicht nur mittel- und oberdeutsche, sondern auch niederdeutsche Mundarten übten ihren Einfluß aus. Die Koppelung lausitzisch-schlesisch ist berechtigt, weil bei Betrachtung des Sprachmaterials eine deutliche Verwandtschaft erkennbar wird. Sprachwissenschaftler gehen davon aus, daß das Lausitzische dem Schlesischen untergeordnet sei. Ebenso wie die lausitzisch-schlesische Mundart der deutschen Ostexpansion ihre Entstehung verdankt, verhält es sich mit dem Meißnischen. Diese Mundart, genauer die Meißner Kanzleisprache des Mittelalters, wurde zur Wiege der deutschen Hochsprache. Beide entstanden im Zuge ein und desselben geschichtlichen Ereignisses. Offensichtlich hatte diese Erinnerung noch im 17. Jahrhundert eine Auseinandersetzung zur Folge, in der schlesische Dichter die Vorherrschaft des Obersächsisch-Meißnischen anzweifelten. Ein Kommentar aus dieser Zeit dazu: „Welche Ausrede (Aussprache) und also nachgehends welche Schreibart die reinste sei und richtigste seie, wollen wir nicht entscheiden, sondern lassen es die Meißner und Schlesier ausfechten."

Bedeutende deutsche Dichter schrieben einige ihrer Werke in schlesischer Mundart. Genannt seien nur einige aus der jüngeren Vergangenheit: Gerhart Hauptmann, Carl Hauptmann, Paul Keller. Gerhart Hauptmann schrieb sein Drama „Die Weber" 1892 in gebirgsschlesischer Mundart. Später schrieb er es in gemeinschlesisch um. Das Mundartliche im Drama kommt vor allem durch das Lautbild, weniger durch das Wortmaterial und durch die Satzformen zum Ausdruck. Den alten Ansorge läßt er so sprechen: „Mir kenn d'r nich leben und nich sterben hier oben. Uns geht's leider beese, kannst's glooben. Eener wehrt sich bis ufs Blutt. Zuletzt muß man sich drein geb'n. De Not frißt een's Dach ieberm Koppe und a Boden unter a Fießen. Frieher, da man noch am Stuhle arbeiten konnte, da hat man sich halbwegens mit Kummer und Not doch kunnt aso durchschlag'n. Heute kann ich m'r schonn ieber Jahr und Tag kee Stickl Arbeit mehr erobern. Mit der Korbflechterei is ooch ock, daß man sei bißl Leben aso hinfristen tutt. Ich flechte bis in de Nacht nein, und wenn ich ins Bette falle, da hab ich an Beehmen und sechs Fenniche derschind't. Du hast doch Bildung, nu da sag amal selber, kann da woll a Auskommen sein bei der Teuerung? Drei Taler muß ich hinschmeißen uf Haussteuer, een'n Taler uf Grundabgaben, drei Taler uf Hauszinse. Vierzehn Taler kann ich Verdienst rechnen. Bleib'n fer mich sieben Taler ufs ganze Jahr. Da dervon soll ma sich nu bekochen, beheizen, bekleiden, beschuhn, ma soll sich bestricken und beflicken, a Quartier muß ma hab'n und was da noch alles kommt. – Is's da a Wunder, wenn man de Zinse ni zahl'n kann?"

Nun einige Sprachdenkmäler aus dem Schlesischen und in Görlitzer Mundart. Sprachdenkmäler deshalb, weil diese Sprache so nicht mehr gesprochen wird. Es existieren nur noch diese aufgeschriebenen Texte, gewissermaßen als Belegstücke. Natürlich finden sich in der heutigen Umgangssprache viele Lautbilder und Wörter.

Kermestage

Na Goot sei Dank, de Kermes ihs do,
De Summerarbt zu Ende!
Nu jux bir und nu reib bir üns
Vergnüglich beede Hände.

's ganze Dörfel schwimmt ei Duft
Vu frischgebacknem Kuchen!
Mir ihs, as hätts mei Läbetag
Su gutt no nie geruchen!

Und jedes Häusel, no su kleen,
Doas kleckt ock su vu Wörschten!
Bir läben wie de Maus eim Speck
Und tauschen mit kem Ferschten!

Ich sitze hingerm Tische schunt.
Nu satt ock bluß de Honne!
Se lacht und schmunzelt und derschleppt
Wuhrhoftig kaum de Pfonne!

„Ihr Kinder aßt und haut gutt ei!
Is hoot no meh eim Riehre!
Und durte ei der Ecke stieht
Is Foaß mit gudem Biere!"

Due lieber Goot! Ich wünschte mir
Sust nischt ei diesen Tagen,
As wie's Gebiß vum Löwen und
Vum Elefant a Magen!

Hauptsache – wos andres

Wos eener olle Toage hott,
dos schätzt a nich, dos krigt a satt.
A Stücke Wurscht is wos fer dich –
der Fleescher spricht: „Ich mag se nicht!"
A Bäcker tu noach Kuche froagen –
„Dos Zeug, doa konnste mich verjoagen!"

Wer immer packt Schukloade aus,
dem kummt se balde oben raus. -
A jeder weeß: in Görl'tz is schön –
und do möcht' a wos Neues sähn.
Ich bin nich besser als de andern,
ooch ich packt' ein, ooch ich toat wandern.
Zwoar macht' nich a'n weiten Sprung,
doch woarsch fer unsereen' genung;
ich hoab mich stille wo verkruchen,
verschullen woar ich viertholb Wuchen.
Doch wie mei Görl'tz ich wiedersoah,
und wie de Krone rückte noah,
und wer koam nu? der Viadukt!
ich hoab gekuckt, ich hoab gekuckt. -
A Monn spoach in der Eisenboahn
und a zeigte uff mich: „Der hott wull a'n Spoan?"
Ich ducht': machts euch Spoß, nu doa lacht euch kaputt!
Ich bin gleich derheeme, gleich hoab ich's gutt! -
Vum Bahnhofe ging's de Berliner lang,
im Herze klong mersch wie Gesang.
Und de Muschelminna, se hott mich begrüßt,
als hätt' mich das Weibsbild wer weeß wie vermißt;
ich kunnt's aus a Oogen lesen:
„Nu soag bloß, du Feger, wo biste gewesen?!
hier is dersch wull nich hübsch genung?!"
Doa macht' ich weeß Gott a'n Freudensprung.
Ganz glücklich bin ich heemgekumm',
ich ducht im still'n: wos woarschte tumm!.-
Doch wos eens olle Toage hott,
wärsch noch so schön, man krigt's halt sott.

Sechsstädteplatz

„Ihr wißt doch, wo der Sechsstädteplotz ligt -
soagt, Kinder, wie hott er den Noam' gekrigt?
Konn keener mer nich Antwurt geben?" -
Doa tutt's Fritzel a Finger heben:
„Ich denk, wie de Görl'tzer den Plotz hoa'm gebaut,
se hoaben's alleene sich nich getraut
und lange sich a Kupp zerbrochen,
bis endlich de Bürgermeester gesprochen:
Mir scheint's, dos wär nich groade tumm,
wer lussen vun auswärts uns Hilfe kumm'! -
Und wirklich hoa'm sich fümf Städte gemeld't.
Doch kust's a Görl'tzern nich viel Geld;
umsunst koam' se rüber zu uns bis aus Sachsen -
122so toat der Plotz aus der Erden wachsen.
Bloß eens; Wie die Sechse nu fertig gewesen,
om Roathaus woar'n die sechs Noam' zu lesen.
Durt oben sein se zu sähn noch heute –
's woar'n eben gutte, gefällige Leute.
Und doavun kummt der Noame her –
Die Froage, meen' ich, woar nich schwer!"-
„Nee, Fritzel, doa toatste doaneben schissen!
Verleicht wird's a andrer besser wissen?" -
Schnell spricht druff der Korle: „Um Görl'tz ringsrum
sechs andre Städte beneiden uns drum,
so gönn's uns nich, dos wissen wer olle,
se sein vull Gift und bitterer Golle.
Doa hoa'm wersch'n zum Pussen gemacht
und uns den spossigen Noamen erdacht!"
„Nee, Korle, doa toatste doaneben schissen!
Verleicht wird's a andrer besser wissen?"
„Herr Lährer", rufft Hons aus'm weißen Lomm,

„a is so groß wie sechs Städte zusomm'!" -
„Na, Kinder, ich hör nu uff zu froagen –
doch wer' ich's Professor Jecht'n soagen."

Zwee feindliche Brüder uff der Krone

Dos krigt eens nu sachte überdrüssig,
ich bin ja hier oben bloß überflüssig!
A Aussichtsturm, dos sull ich sein?!
Doch fällt' a Leiten goar nich ein,
vun hier de Gegend zu besähn;
se steigen lieber uff a kleen'.
Und moncher Görl'tzer, sunst klug und gelährt,
mich hott a noch keemoal nich beährt.
Doa drüben bring' se sich balde um,
uff a Kleen' is olles reen tumm,
durt is a ewiges Staun' und Lachen,
als wullte se oben Preßwurscht machen.
Und moncher hetzt: „Du, dei Kollege,
der is zu groß und bloß im Wege,
wer könnten sunst noch weiter sähn -
wos läßte der'n so vor der Noase stehn?!" -
Ich hoab a'n undankboaren Pusten -
doch tät's nich zähn Fennige Eintrittsgeld kusten,
du Kleener durt drüben, nu hurch und poß uff:
bestimmt käm' olles zu mir ruff! -
Drum soag ich's: dos muß andersch werden!
Ich wer' mich gleich murgen beim Wirte beschwerden,
und wenn a die Sache nich ändern konn,
doa nähm ich vun drüben de Einloadung on.
Der Hochstein, der schreibt mer: Kumm, Großer, kumm!
hier findste a dankboares Publikum!„

Ertoppt

Dos sitt jeder Görl'tzer ein:
Ur'nung muß nu eemoal sein!
Tutt a Monn a Buch sich burgen,
doafür muß a peinlich surgen,
doß' kee andrer drinne list,
sunst – doa wird a uffgespißt.
Neulich is's ärscht gewesen,
seine Frau hott's ooch gelesen,
und wie er se hott erwischt,
lacht s'n on: „Dos schod't ja nischt!"-
Doch doa wullt's 's Mißgeschicke,
wie a brucht' sei Buch zurücke,
's Fräulein vun der Leseholle
soagte in dem schweren Folle:
„Machen Se ärscht keen' Versuch!
Nie mär kriegen Se a Buch!"-
Hoste nich gesähn, doa siste,
Streicht s'n ooch schunn aus der Liste.-
Doa packt unsern Monn der Zurn,
und a is ganz rot gewur'n.
„Se sein wull a höh'res Wesen?!
Meine Frau hott's nich gelesen!!
Woher wull'n Se denn dos wissen?!
Fräulein, nee, dos is zum schissen!"-
„Bester Herr, ich täusch mich nich,
Se verroaten selber sich,
und Se könn' nich länger streiten -
sähn Se zwischer den zwee Seiten
wos ligt doa? – ich muß Ihn streichen -
ann Hoarnadel als Lesezeichen!
Doa soagt' a kee Wurt mähr, a hott sich verduft';

derheeme oaber, durt macht' a sich Luft,
a meente zu sei'm Ehgespons:
„Du bis anne sähr tumme Gons!
Dos schod't ja nischte – so hoste gedocht;
kuck her, ich hoab der wos mittegebrocht!" -
Und a wird in de Westentosche nu reichen:
„Hier hoste's wieder dei Lesezeichen!" –
Se kuckt sich's on, als wärsch a Wunder;
anne Hoarnadel fällt'r vum Kuppe runter.

17 Sagenhaftes

Die Linde auf dem Kirchhof

Der Görlitzer Rat hatte es immer mit dem Hängen eilig,
wollte er den Feinden seine Macht recht deutlich zeigen.
Das mußte auch der junge Knappe eines Raubritters an
sich erfahren, den die Stadtknechte ergriffen hatten. Er
bestritt entschieden, an der Wegelagerei beteiligt gewesen zu sein. Auch die übliche Folter mit „Daumenschrau-
ben" erzwang kein Geständnis. Dennoch kam es zum To-
desurteil. Eine letzte Bitte nur wurde ihm erfüllt. Auf dem
Wege zum Galgen durfte er das Grab seiner Eltern auf
dem Nikolaifriedhof noch einmal sehen. Dankbar und
traurig dachte er daran, welche Hoffnungen Vater und
Mutter einst in den Heranwachsenden gesetzt hatten.
Schwer bedrückte es ihn, daß er so jung und ohne
Schuld sein Leben verlieren sollte. Auf dem Grab wuchs
ein Lindenbäumchen. Das zog er mit den Wurzeln heraus und pflanzte es umgekehrt wieder ein. Die Wurzeln

standen nun nach oben, die belaubten Zweige aber fanden in der Erde Halt. Zu den Henkersknechten, die erstaunt zugesehen hatten, sagte er: „So, wie dies Bäumchen aus den Wurzeln Zweige und aus den Zweigen Wurzeln treiben wird, so gewiß werde ich unschuldig hingerichtet." Tatsächlich wuchs das Bäumchen mit den Jahren kräftig heran. Die Henker waren längst vermodert und vergessen. Das Laub der Linde auf dem Friedhofe bezeugte, daß Wahrheit bleibt, was Wahrheit ist.

Überliefert ist auch ein anderer Ursprung des merkwürdigen Baumes. Danach wurde der Pfarrer Martin Moller, Primarius an der Peterskirche, gegen Ende des 16. Jahrhunderts von streitbaren Amtsbrüdern beschuldigt, er verbreite Gottes Wort nicht so, wie es der Doktor Luther gewünscht habe. Manchen von ihnen überragte Moller an Bildung und menschlicher Güte, und daß er gar schlichte, volkstümliche Kirchenlieder dichtete, mochte ihn erst recht im Zwielicht erscheinen lassen. Schon äußerten unduldsame Eiferer den schrecklichen Verdacht, Moller sei heimlicher Anhänger der verpönten Irrlehre des „Crypto-Calvinismus". Die Schmähreden gegen den angeblichen Abweichler fanden bei den wundergläubigen, ungebildeten Schäflein seiner Gemeinde gewiß auch offene Ohren. Der hochbetagte und inzwischen erblindete Moller aber ließ sich nicht beirren und ertrug gefaßt alle üble Nachrede. Als er im Tode lag, bat er seine Angehörigen: „Wenn ich gestorben bin, pflanzt auf mein Grab eine junge Linde mit den Zweigen in die Erde! So gewiß, wie die Linde wachsen wird, habe ich Gottes Wort unverfälscht gelehrt." Seine Voraussage erfüllte sich.

Der Klötzelmönch

Um eine gräßliche Mordtat in der mittelalterlichen Stadt geht es in einer der bekanntesten Sagen. So etwas könnte sich in ähnlicher Weise tatsächlich zugetragen haben.

Ein junger Handwerksbursche, der gerade auf der Wanderschaft unterwegs war, kam an einem Spätnachmittag zum Stadttor herein. Die Tür zur Klosterkirche am Obermarkt stand noch offen, und weil es gerade zur Abendmesse läutete, trat der Wanderer mit ein. Vom weiten Weg müde, lehnte er den Kopf an eine Bank und schlummerte unversehens ein. Er fiel niemand auf, und nicht einmal der Pförtner bemerkte ihn mehr, als er die Tür abschloß. Gegen Mitternacht erst schreckte der Schläfer auf, als vom Fußboden her die Kälte an ihm hochkroch. Er fürchtete sich in dem weiträumigen, stillen Kirchenschiff. In seiner Einsamkeit hörte er überlaut den Widerhall seiner vorsichtigen Schritte. Nur ein fahler Mondstrahl und die ewige Lampe wiesen ihm den Weg zum Altarraum, wo er sich fröstelnd und ängstlich in das gotische Chorgestühl kauerte. Aber die unheimliche Stille nahm bald ein Ende, als sich schlurfende Schritte rasch näherten. Kaum hatte sich der Wanderbursche hinter einer Bank verborgen, hörte er Schlüssel klirren, und eine schmale Tür ihm gegenüber, sie führte zum Franziskanerkloster, öffnete sich quietschend. Heraus trat in gebückter Haltung ein Mönch. In der erhobenen linken Hand trug er eine Laterne. Im flackernden Licht trat ein grobes, abstoßendes Gesicht wie eine Geistermaske aus der Dunkelheit hervor. Entsetzt bemerkte nun der heimliche Beobachter, wie der Mönch mit der rechten Hand den leblosen Körper eines jungen Mädchens an den blonden Haaren über den Steinfußboden schleifte. Die Holzklötzer seiner Pantoffeln klapperten erschreckend in der nächtlichen Stille. Vor dem Altar hob er eine steinerne Grabplatte auf und ließ die Tote hinabgleiten. Dann schob er die scharrende Platte wieder an ihren Platz und verschwand schweigend, wie er gekommen war, durch die Tür zum Kloster. Das schlurfende Geräusch seiner Klötzelpantoffeln verlor sich in der Ferne. Dem Handwerksburschen kam der Rest dieser Nacht endlos vor. Er zitterte vor Schreck und wußte immer noch nicht recht, ob alles nur ein scheußlicher Traum gewesen war. Als die Morgenglocke ertönte und das Tor wieder aufgeschlossen war, stahl er sich unauffällig davon.

In der Herberge hörte er dann vormittags davon, daß man in Görlitz durch einen rätselhaften Vorfall sehr beunruhigt war. Eine arme Witwe, die in der Fleischergasse wohnte, suchte verzweifelt ihre verschwundene Tochter. Das schöne junge Mädchen war wie gewöhnlich in die Klosterkirche zur Messe gegangen, am vorangegangenen Tage aber nicht nach Hause gekommen. Dem Wanderburschen kamen schreckliche Ahnungen. Er lief zum Rathaus und berichtete über alles, was er nachts beobachtet hatte. Kirche und Kloster wurden umstellt. Der Zeuge führte den Bürgermeister zu der bewußten Grabplatte. Die Stadtknechte hoben den schweren Stein an, und tatsächlich fanden sie darunter das gesuchte Mädchen. Unter den eilends zusammengerufenen Mönchen erkannte der junge Handwerker sofort den Verdächtigen an seinem häßlichen Gesicht wieder. Der Übeltäter leugnete nichts. Er gestand den genauen Hergang des Verbrechens. Das ahnungslose Mädchen hatte er in seine Zelle gelockt, wo es ihm zu Willen sein mußte. Die Mönche durften nicht mit Frauen leben, aber dem Gewalttäter fehlte die Kraft, sein Mönchsgelübde zu halten. Die

Angst, sein Vergehen könnte herauskommen, ließ ihn zum Mörder werden. Er tötete das arme Mädchen und brachte es um Mitternacht allein in die Gruftkammer. Aber der verzweifelte Versuch, die Spuren zu beseitigen, war vergeblich. Zufällig wurde der Wanderbursche zum Mitwisser, und die Wahrheit kam ans Licht.

Zur Strafe ließ man den Mönch lebendig einmauern. Aber sein Geist fand keine Ruhe. Sobald man es irgendwo im Kloster oder in der Kirche klappern hörte, hieß es gleich, das sei wieder der Klötzelmönch. Sogar im vorigen Jahrhundert noch soll ein Barbierjunge vor Schreck zu Tode gekommen sein, weil er sich in den Klostergängen verlief und dort dem spukenden Mönch begegnete.

Wahrscheinlich wurde die Geschichte dieser Bluttat nur deshalb über Jahrhunderte hinweg überliefert, weil die Görlitzer damit ihrem Unmut über das Lotterleben der Mönche Luft machen wollten.

An der früheren Löwen-Apotheke, die 1945 bei Kriegsende abbrannte, waren zwei steinerne Köpfe zur Fleischerstraße hin angebracht, die mit dieser Sage in Zusammenhang gebracht wurden. Die eine Plastik zeigte eine Frau, die aus der Mauer wie aus einem Fenster nach der Seite sehnsüchtig Ausschau hielt, als erwarte sie die vermißte Tochter. Dieser Frau gegenüber war ein bärtiger, häßlicher Männerkopf zu sehen, von dem man glaubte, es handle sich um den ruchlosen Klötzelmönch. Wie es hieß, hatte ein mitfühlender Bürger diese Steinbilder anbringen lassen, nachdem die unglückliche Mutter aus Gram über den frühen Tod der hoffnungsvollen Tochter gestorben war.

Die Bierfehde

Daß die Görlitzer mit den Zittauern nicht erst heute darüber streiten, wer von ihnen wohl das beste Bier braut, zeigte die „Bierfehde" zwischen beiden Städten im Jahre 1491.

Das Recht, Bier zu brauen, stand nur einem begrenzten Kreise angesehener Familien zu. Diese Brauberechtigten durften ihre Häuser Brauhöfe nennen und das Bier selbst verkaufen. In ihren tiefen Kellergewölben bewahrten sie die Biervorräte auf, und in den Abendstunden, an den Sonntagen und Festtagen ließen sie den berauschenden Gerstensaft in den Hallen ihrer Häuser ausschenken. Auch die Bauern der umliegenden Dörfer mußten ihr Bier von hier holen, oft blieben sie zum Umtrunke gleich in der Stadt und gaben zum Ärger ihrer Ehefrauen das restliche Geld auf dem Markt aus. In einem bestimmten Umkreis durfte keine andere Stadt ihr Bier verkaufen. Nur dem Landadel stand es zu, Bier selbst zu brauen oder es beliebig einzukaufen. Nun wollte Görlitz diesen Sperrkreis möglichst weit ausdehnen, um nicht anderen das einträgliche Geschäft zu überlassen. Langwierige Verhandlungen mit wechselndem Erfolg brachten dem Rat einige lohnende Privilegien. 1367 bestimmte Kaiser Karl IV., daß „jeder Kretscham und jeder andere innerhalb des Görlitzer Weichbildes Gesessene kein anderes als Görlitzer Bier zu den Dörfern oder sonstigen Orten des Weichbildes zum Ausschank führen solle". 1489 legte König Matthias fest, „daß hinfüro niemand fremde Biere zum Verschänken anderthalb Meilen zurings um Görlitz zu rechnen führen solle, widrigenfalls möchten die von Görlitz dieselben Verbrecher nach Gelegenheit der Sache strafen und das Bier wegnehmen". In Stadt und Dörfern war dies wohlbekannt.

Aber die Nachbarstädte, darunter Bautzen, Kamenz, Lauban und Bunzlau, mochten es gar nicht leiden, daß sie auf ein bisher übliches und gutes Geschäft verzichten sollten. Zittau vor allem war benachteiligt, sein Bier galt weit und breit als das beste, in Prag zahlte man mehr dafür als für das einheimische. Man hätte sich gütlich einigen müssen. Aber wenn die Görlitzer etwas anfingen, dann verfolgten sie es gründlich. Am 4. Mai 1490 entsandte man nachts 12 Reiter und 30 Fußknechte nach Horka, beschlagnahmte im Kretscham das Kamenzer Bier (das die trinkfreudigen Görlitzer Mönche zum Geschenk erhielten) und setzte den Kretschmar Wendt über einen Monat lang gefangen. Am 8. Juni zogen über 100 Mann nach Penzig, sie brachten den Kretschmar Kellerhans als Gefangenen ein, und gleiches widerfuhr den Schankwirten in anderen Dörfern. Einigen jungen Görlitzern schwoll nun der Kamm. Am 29. Mai 1491 lauerten sie zwischen Rosenthal und Ostritz einer Fuhre Zittauer Bieres auf, zerschlugen die Fässer und ließen das Bier auslaufen. Lange noch nannte man diese Stelle die „Bierpfütze". Freilich war der vorwitzige Handstreich gegen Recht und Gesetz, denn er geschah im Zittauer Weichbilde. Die Zittauer waren aufs äußerste empört. Zwei Tage darauf ließen sie einen unansehnlichen Buckligen mit Namen Krebs auf einem müden Klepper mit ihrem Fehdebrief nach Görlitz reiten. Darin kündigten sie Bürgermeister, Rat und Gemeinde von Görlitz an, daß sie „um solches Übels und bösen Mutwillens wegen" den Görlitzern „am Leibe und Gute Schaden zufügen" würden. Zur gleichen Stunde überfielen Zittauer Kriegsleute das Dorf Wendisch-Ossig, verprügelten die Bauern und nahmen größere Mengen Pferde, Rinder, Schweine, Betten, Kleidung und Geld mit. Den Görlitzern hinterließen sie die Nachricht, sie „möchten sich ihr Vieh auf dem Zittauer Markte holen". Nun warben sie, allerdings mit wenig Erfolg, Verbündete für ihren Bierkrieg gegen die Görlitzer. Ein gewandter Zittauer Reimeschmied dichtete ein keckes Spottliedchen, in dem Görlitz sein Fett abbekam. Hier aber verstand man darin keinen Spaß. Als ein Caspar Weber aus Horka das mißliebige Lied vortrug, wurde er festgesetzt und auf richterlichen Entscheid öffentlich verdroschen. Taufte man in Zittau die Görlitzer die „Wendehüte", so bekamen die Zittauer dafür den Namen „Kühetreiber".

Der Landvogt beendete die Fehde, untersagte beiden Städten Übergriffe und verpflichtete Zittau zu einer Geldbuße für den verursachten Schaden. Aber der Zittauer Rat wollte eine solche Demütigung nicht auf sich nehmen, und die Sache zog sich einige Jahre hin. Schließlich brachten die Ritter und die übrigen Städte der Oberlausitz die 300 Gulden Schadenersatz auf, um die verfeindeten Städte zu versöhnen und den stolzen Sechsstädtebund nicht zu sprengen. Und weil die Görlitzer nicht kleinlich sein wollten, schenkten sie die Summe dem Landvogt, was zwar nicht verbürgt ist, aber begreiflich wäre.

Fortan gossen die Oberlausitzer ihr Bier lieber durch ihre Kehlen und nicht mehr auf die Landstraße.

Die Sagentexte wurden mit freundlicher Genehmigung der Görlitz-Information dem Heft „Geschichten aus Alt-Görlitz" entnommen.

18 Die Landeskrone

Eines der landschaftlichen Wahrzeichen von Görlitz ist die Landeskrone. Der Berg erhebt sich ca. 200 Meter über das Stadtgebiet. Seine Gipfelbebauung erscheint von fern wie eine wehrhafte Burg und gibt zu manch romantischen Vorstellungen Anlaß. Tatsächlich ist der Berg, wie Ausgrabungen und Funde belegen, schon in ur- und frühgeschichtlicher Zeit besiedelt gewesen. Die markante Form und die Lage der Landeskrone ließen auch offenbar nach dem 8. Jahrhundert den Berg als Gaumittelpunkt geeignet erscheinen. Zwei slawische, durch Funde seit dem 10. Jahrhundert belegbare Wallanlagen sind, wenn auch nur mit Mühe, auf der Bergkuppe zu entdecken. Im Jahre 1870 nahm der berühmte Mediziner Rudolf Virchow (1821 – 1902) am unteren Wall Ausgrabungen vor und förderte dabei zahlreiche Funde zutage. Die Deutungen über die Rolle der Landeskrone im 11. und 12. Jahrhundert sind umstritten. Thietmar von Merseburg (†1018) berichtete 1015 in seiner Chronik über den Kriegszug Kaiser Heinrichs II. (973 – 1024) gegen die westslawischen Stämme. Unter Herzog Ulrich von Böhmen (†1034) wurde die „urbs Businc" erobert. Die Verwandtschaft mit dem Namen des heutigen Görlitzer Stadtteiles Biesnitz läßt die Vermutung, daß jene „Burg Biesnitz" eine Anlage auf der Landeskrone gewesen ist, durchaus berechtigt erscheinen.

Mit „castrum Landischrone" wurde urkundlich erstmals im Jahre 1268 eine Feudalburg auf dem Gipfel des Berges erwähnt. Das Fundament jener Anlage konnte im Jahre 1859 beim Bau der Bergaststätte freigelegt werden. Der vom Görlitzer Maurermeister Gock aufgenommene Grundrißplan zeigt drei Türme, einen Palas sowie eine Kapelle. Die Burg war wohl Stützpunkt im feudalen Verteidigungs- und Verwaltungssystem Böhmens und hatte die Aufgabe, die Hohe Straße, die von Erfurt über Bautzen und Löbau an diesem Berg nach Görlitz vorbeiführte, zu sichern. Nur wenige Nachrichten geben Auskunft über die Herren der Landeskrone und über das Burgleben. Der Herzog von Sagan plante 1437 den weiteren Ausbau der Burg und forderte von den Görlitzern Hilfe an. Die Bürger der Stadt mißtrauten den friedlichen Absichten des Herzogs und verweigerten sich, worauf es zu Auseinandersetzungen kam, die erst nach dem Tode des Herzogs endeten. Zwei Jahre später konnte die Stadt Görlitz den Berg mit den dazugehörigen Dörfern und Dorfanteilen von den Erben des Saganer Herzogs kaufen. Umgehend machten sich die Görlitzer daran, die ungeliebte Burg auf der Landeskrone niederzureißen, um auszuschließen, daß die Anlage jemals wieder als Stützpunkt gegen Görlitz genutzt werden könnte. Trotz dieser sehr mühseligen und auch kostspieligen Arbeiten verlor der Berg zunächst seine militärische Funktion nicht. Zur Sicherung des Stadtgebietes wurden im Jahre 1456 auf dem Gipfel der Landeskrone sieben Soldaten in Dienst gestellt. In den folgenden Jahren war der Berg immer wieder Stützpunkt von Truppen, so z.B. als Beobachtungswarte 1620 für den Herzog Johann Georg von Jägerndorf oder zur Stationierung von zwei Husarenregimentern des österreichischen Generals Esterhazy im Jahre 1758. Noch im preußisch-österreichischen Krieg 1866 besetzte die preußische Heeresführung, wohl als vorbeugende Maßnahme, die Landeskrone.

Im frühen 19. Jh. wurde der romantische Reiz der Landschaft und insbesondere des Berges entdeckt.

1809 und 1813 besuchte Theodor Körner (1791 – 1813) den Gipfel. An dieses Ereignis erinnert ein 1895 aufgerichteter Gedenkstein am Fuße der heutigen Berggaststätte. 1813 statteten die Dichter Max von Schenkendorf (1783 – 1817) und Friedrich de la Motte-Fouqué (1777 – 1843) dem Berg ihren Besuch ab. Die Landeskrone wurde in den folgenden Jahren zunehmend erschlossen. 1815 fand ein Bergführer eine Anstellung, 1840 folgte die Anpflanzung einer Lindenallee, und ab den siebziger Jahren des 19. Jahrhunderts erleichterten 107 Stufen den Aufstieg zum Gipfel. Seit 1796 trug die Spitze der Landeskrone einen kleinen Aussichtsturm, 1844 wurde unterhalb eine erste Gaststätte errichtet, und seitdem war die Bergbesteigung über den sogenannten Zickzackweg möglich.

Am 31. Mai 1844 besuchte der preußische König Friedrich Wilhelm IV. den Berggipfel und ließ sich vom Görlitzer Bürgermeister Demiani über die Entwicklung der Stadt berichten. Görlitz, damals ca. 15 000 Einwohner, hatte in der elfjährigen Amtszeit des bedeutenden Kommunalpolitikers einen schnellen wirtschaftlichen Aufschwung erlebt und war zum wichtigsten Handelsort zwischen dem getreidereichen Schlesien und dem hochindustrialisierten Sachsen geworden. Mit der Ernennung Demianis zum Oberbürgermeister fanden seine Verdienste eine berechtigte Würdigung. Die Legende berichtet, daß Demiani bei dieser Gelegenheit Görlitz ein solches Wachstum prophezeite, daß sich die Landeskrone in nur wenigen Jahren inmitten der Stadt wiederfinden würde. Die Differenzen zwischen Preußen und Österreich, aber auch die innenpolitischen Auseinandersetzungen behinderten jedoch die weitere Entwicklung von Görlitz und haben jene Vorstellung einen Wunsch bleiben lassen.

1863 entstand auf dem oberen Gipfel eine Gaststätte in neogotischen Formen. Der burgähnliche Charakter des Gebäudes verlieh dem Berg zusätzlich eine geradezu magische Anziehungskraft. 1881 wurde unterhalb des Aussichtsturmes eine Camera obscura errichtet. Auch Ort kultureller Höhepunkte war die Landeskrone. So wurden im Jahre 1850 auf dem Gipfel des Berges das Oberlausitzer Sängerfest und 1861 das Fest des Oberlausitzer Turnvereins ausgetragen. Auch für die ur- und frühgeschichtliche Forschung rückte in jenen Jahren der Berg in den Mittelpunkt des Interesses. 1870 und 1889 ließ Rudolf Virchow (1821 – 1902) am unteren Wall graben, und 1909 leitete Ludwig Feyerabend (1855 – 1927) eine Untersuchung der oberen Wallanlage. Auch in jüngerer Zeit, zuletzt 1969/70, wurden archäologische Grabungen auf dem Berg vorgenommen. Im Jahre 1901 entstand auf dem Südgipfel nach einem Entwurf von Wilhelm Kreis (1873 – 1953) der 13 m hohe Bismarckturm. Mit diesem Feuerturm sollte dem Reichsgründer ein Denkmal gesetzt werden.

Für den Sport sollte der Berg durch die Anlage einer Rodelbahn im Jahre 1910 und einer Sprungschanze (1928) erschlossen werden.

1946 brannte die alte Berggaststätte ab, konnte aber 1951 als Berghotel wieder eingeweiht werden. Der schlanke gotische Turm dieser Gaststätte wird heute als Umlenkstation für die Fernsehtechnik genutzt und ist nicht zu begehen. Einen schönen Rundblick über die Stadt und das umliegende Land bietet dem Wanderer heute noch der alte Aussichtsturm aus dem Jahre 1796 und entlohnt für die Mühen des Aufstiegs. Der Weg zum Gipfel führt vorbei an botanischen und geologischen Besonderheiten. Während der überwiegende Teil des Berges aus sogenanntem „Lausitzer Granodiorit" besteht, besitzt er eine zweigipflige Quellkuppe aus Basalt. Darauf verweisen auch die Basaltsäulen an der Fahrstraße unterhalb des Gipfels.

Seit 1953 ist die Landeskrone mit einer Fläche von ca. 60 Hektar Naturschutzgebiet.

19 Aufgelesenes

„Den Sinn für Gemächlichkeit und Annehmlichkeit des Lebens spricht das nette und ebene Straßenpflaster aus, und die angenehmen Umgebungen der Stadt, vielfach mit Baumgängen durchpflanzt, bekräftigen ihn noch mehr. Das Gefühl für Zierlichkeit und Kunst verkündigen laut die geschmackvollen Kirchen mit den Resten ihrer Denkmäler und der äußere Schmuck so vieler Häuser der Stadt, da an fast allen die bedeutenden Thorwege mit Steinhauerwerk geschmückt sind."
Büsching in „Die Alterthümer der Stadt Görlitz", 1824.

„Die Durchbildung einer Stadt als räumliches Kunstwerk ist im mittelalterlichen Altstadtgefüge von Görlitz zu höchster Meisterschaft entwickelt worden. Görlitz verdient als Beispiel einer Stadtgestaltung durch schwerpunktmäßige Anordnung raumbestimmender Dominanten, bei einer reichen und festlichen architektonischen Formengebung, im Kranze der deutschen Städte mit an erster Stelle betrachtet zu werden."
Wolfgang Rauda
in „Lebendige städtebauliche Raumbildung", Berlin, 1957.

20 Bemerkenswerte Ereignisse

Bedeutende Ereignisse in der Geschichte der Stadt wurden von den Chronisten schon immer sorgsam notiert. Diese Nachrichten haben für wissenschaftliche Untersuchungen große Bedeutung, bilden aber auch den Kern manch vergnüglicher Geschichte. So ist im Verlaufe der Zeit eine kaum zu überblickende Menge an Literatur über die Geschichte von Görlitz oder über einzelne Episoden entstanden.

In dem kleinen Bändchen „Die wichtigsten Ereignisse aus der Geschichte von Görlitz" wird über die Regentschaft des Herzogs Johann von Görlitz berichtet:

Es war im Jahre 1377, als Kaiser Karl IV. von Prag aus die Verordnung an den Magistrat erließ, daß er seinen jüngsten Sohn Johannes zum Herzog von Görlitz ernannt und sonach ein besonderes Fürstentum ernannt habe, das vom Könige und der Krone Böhmens lehnhaft sein sollte. Zugleich lautete der kaiserliche Befehl, daß vier Mitglieder aus dem Rat der Stadt Görlitz, vier aus den Ältesten und zwei aus der Gemeinde am 27. Januar am Hofe zu Prag erscheinen sollten, um dem jungen Herzog zu huldigen.

Der Letztere befand sich in der Tat noch im Kindesalter. Er war am 22. Juli 1370 geboren, mithin bei seiner Huldigung in dem Alter von sieben Jahren.

Die vom Kaiser Karl IV. berufenen zehn Personen von Görlitz rüsteten sich demnach zur Reise nach Prag, an ihrer Spitze befand sich der Bürgermeister Johann von Reichenbach und der königliche Voigt von Görlitz, die Abgeordneten fuhren auf Wagen dahin und dieselben waren laut Rechnung um 24 Groschen angefertigt worden. Die Kosten der Reise selbst beliefen sich auf 44 Schock Groschen.

Nach vollzogener Huldigung wurden den Görlitzern ihre bisherigen Privilegien laut Urkunde feierlichst bestätigt. In Folge dieses Ereignisses trat jedoch bezüglich des Verhältnisses der Sechsstadt Görlitz zu den übrigen Sechsstädten keine Veränderung ein, sie übte vielmehr auch in Zukunft ihre Rechte und Pflichten, wie es bisher geschehen war.

Der junge Herzog erhielt später seinen Bruder, den König Wenzel von Böhmen, zum Vormunde, während die Sechsstädte unter dem Landvoigt des Königs standen, zugleich aber behielt sich der König die Bestätigung der vom Herzog Johann zu verleihenden Privilegien vor, er forderte seine Untertanen zum Kriege auf, schrieb Steuern aus, und die für Böhmen bestehenden Gesetze waren zugleich für das neue Fürstentum Görlitz geltend.

Betreffs der Angelegenheiten der Geistlichen blieb Görlitz nach wie vor unter dem Meißner Bißthum.

Noch im Jahr der Huldigung 1377 unternahm Kaiser Karl IV. nebst seiner Gemahlin und dem Herzog Johann eine Reise nach der Mark Brandenburg und langte am 4. März genannten Jahres in Görlitz an. Bei dieser Gelegenheit wurden der Kaiserin als Ehrengeschenk zehn Schock Groschen, acht Tischtücher, fünf Handtücher und acht Stück Leinwand für ihre Kleiderkammer verehrt. Dem jungen Herzog wurden dagegen zwanzig Schock Groschen überreicht. Dem Großmeister desselben zwei und dem Kanzler der Kaiserin drei Schock 20 Groschen zu Kleidern geschenkt. Außerdem bezahlte der Rat für den Hofstaat des Kaisers gegen 12 Schock Groschen.

Die kaiserliche Familie hielt sich nur kurze Zeit in Görlitz auf und reiste dann nach Bautzen, und von dort begab sie sich nach Guben, Berlin und Tangermünde. In ihrer Begleitung befand sich der Bürgermeister von Görlitz nebst zwei Ratsherren und dem königlichen Voigte.

Zu dieser Zeit erlangten die Görlitzer die kaiserliche Zusicherung, daß die Stadt nach dem Tode der Herzogin Agnes von Schweidnitz, die einst wegen der Neuhäuser Händel schwere Klage gegen sie geführt, das Recht wegen der Straße nach Schlesien wieder erhalten solle, in welcher Angelegenheit die Kaiserin zu Gunsten der Stadt Görlitz von Tangermünde ein Schreiben an den Erzbischof Johann von Prag richtete.

Mit dem Herbst kehrte der Kaiser nach Böhmen zurück, schickte aber den jungen Herzog nach Görlitz, wo er vom November an bis Weihnachten verblieb und dann von der Kaiserin abgeholt und nach Prag geleitet wurde.

Im November des folgenden Jahres starb Kaiser Karl, und zu seinem Leichenbegängniß begaben sich ebenfalls Abgeordnete von Görlitz, zugleich wurde in unserer Stadt ein feierliches Todtenamt abgehalten, bei welchem auch die Landgeistlichen erschienen waren.

Noch in demselben Jahr starb auch der weise, einflußreiche Rath des Kaisers, der Erzbischof Johann von Prag, dessen bereits bei Gelegenheit der Unterhandlungen wegen des von den Görlitzern zerstörten Neuhaus Erwähnung geschehen ist.

Im Januar 1379 kam der neunjährige Herzog Johann von Prag über Zittau, Hirschfelde und Ostritz nach Görlitz. In Hirschfelde harrte bereits der Rath auf den hohen Besuch und geleitete ihn nach Görlitz hinab, wo er am 16. Januar anlangte und feierlich empfangen wurde. Auch wurden zu Fastnachten große Festlichkeiten abgehalten, was dem Herzog viel Vergnügen machte und wobei gar wacker gezecht, geschmaust und musicirt wurde, was dem jungen Herzog gar besonders viel Freude gemacht haben soll, auf dessen Wunsch und Willen das Fest laut den Rathsrechnungen stattgefunden. Der Hofmeister des Herzogs, namens Albrecht von Grisstädt, wurde nebst dem Landvoigt ebenfalls beschenkt, was beide sehr gern hatten.

In diesem Punkte war die Stadt Görlitz niemals geizig. Sie berechnete schlau, da die hochgestellten, um die Person des Landesoberhauptes befindlichen Persönlichkeiten nicht ohne Einfluß seien, und suchten sich daher dieselben immer zu guten Freunden zu erhalten.

Im Jahre 1369 hatte Kaiser Karl IV. das Schloß am Frauenthore erbauen lassen, wovon noch heute der Frauenthurm steht und als Rest jenes Baues zu betrachten ist. Der junge Herzog wählte dieses Schloß zu seiner Residenz und benutzte es zu seinem Aufenthalte, wenn er in Görlitz Hof hielt.

Während des Jahres 1380 befand sich der Herzog Johann größtentheils in Görlitz und reiste in Begleitung seines Hofmeisters Grisstädt in die Niederlausitz, zu welcher Reise er sich der städtischen Wagen bediente.

In demselben Jahr erhob König Wenzel, Vormund des Herzogs, seines Bruders, eine ansehnliche Steuer von dem gesamten Fürstenthum Görlitz, wozu die Stadt 627 Mark und ein Schock beitragen mußte. Im September des obigen Jahres kam die Kaiserin Mutter selbst nach Görlitz zum Besuch ihres Sohnes, und wurde derselben zu Ehren ein glänzendes Turnier abgehalten, wozu polnische, schlesische und Meißner Ritter in großer Anzahl erschienen waren. Außerdem fanden noch andere Festlichkeiten statt, z.B. am Johannestage sowie zur Görlitzer Kirmes, wo wiederum ein Turnier abgehalten wurde, an welchem der Herzog von Münsterberg und andere vornehme Ritter theilnahmen. In demselben Jahr 1380 erhielt die Stadt Görlitz von dem Herzog Johann die Erlaubnis, einige Unterthanen in dem Dorfe Moys zu erwerben, wofür der herzogliche Hofmeister, Albrecht von Grisstädt,für seine in dieser Angelegenheit gemachte Vermittlung 40 Mark erhielt, auch wurden Luther und Heinze v. Gersdorf vom Herzog Johann mit Reichenbach, Sohland und Mengelsdorf belehnt.

In demselben Jahr 1380 geschah ein Aufstand in Görlitz, indem sich eine Anzahl Bürger nebst ihrem Anhange dem Rath widersetzten, obwohl der Letztere bemüht war, den Streit in Güte beizulegen, so wurde doch keine Einigkeit erzielt. In Folge dessen wurden eine Anzahl der Aufständigen geächtet und aus der Stadt verwiesen, die Namen derselben sind: Gerhard Schidt, Hans Hauvenschild, Nicolaus Rimmergesitz, aus Sigersdorf, Bernhard Streuenwald, indem er den Richter Niklas Rothe ermordet. Hans Rast, Hans Besint, Peter Treppel, Niclas Harlemann und Hans von Klix, welcher seine Waffen gegen den königlichen Voigt gezogen und sich zur Wehr gestellt. Der Letztere befahl zugleich, daß die Stadtmauern ausgebessert und das Schloß in guten Zustand gesetzt werde.

Im folgenden Jahr am 12. März 1381 ertheilte König Wenzel den Sechsstädten die Erlaubnis, das Fehmgericht gegen die Landplager und Raubritter in Ausführung zu bringen.

Im genannten Jahr war Johann nicht in Görlitz, sondern hielt sich vielmehr in Prag auf. Er belehnte jedoch am 7. März desselben Jahres den Görlitzer Bürger Jakob Sleife mit sechs Schock auf das Gut Kößlitz, welcher dasselbe von Hans Ulemann erkaufte, sowie auch noch den Bürger Ritsch mit sechs Schock auf Kößlitz und mit drein Schock acht Gr. auf das Dorf Hennersdorf, welches demselben von Margarethe Steindecker käuflich überlassen wurde. Unter demselben Datum ist auch das Privilegium der Görlitzer Stadtwaage ausgestellt.

In demselben Jahr schlichtete der junge Herzog mehrere Streitigkeiten mit der Stadt und dem Herrn von Gersdorf sowie zwischen dem Magistrat und dem Pfarrer wegen Begräbnisangelegenheiten.

Auch nahm man im herzoglichen Schlosse am Frauenthore einen abermaligen Bau vor, wobei die Mauern und Treppen angelegt wurden, welche erst im Jahre 1838 wieder zum Abbruch kamen.

Im Jahre 1385 bestätigte Herzog Johann dem Rath zu Görlitz die zugefallenen Güter zu Hennersdorf nebst dem dasigen Kirchenlehn, auch erhielt die Stadt das Privilegium des Weinschanks, zugleich aber mußte sie dem Herzog 1200 Mark bezahlen, wobei sie dem jungen Fürsten noch zwei Falken verehrte, seinen Förstern dagegen ein halbes Schock Groschen zu Tuch schenkte. Nach diesem Besuche kam er 1386 nach längerer Abwesenheit erst wieder nach Görlitz, verweilte jedoch nicht lange.

Mit dem Anfang 1387 begann eine heftige Fehde zwischen dem Herrn von Bieberstein auf Sorau mit dem König Wenzel, und da das Herzogthum Görlitz als böhmisches Lehn zu betrachten war, so nahm der v. Bieberstein Veranlassung, das Görlitzer Gebiet mit Hülfe seiner zahlreichen Vasallen zu überziehen. Die Feindseligkeiten fingen gleich zu Anfang genannten Jahres an mit Mord und Brand, Raubzügen, Viehdiebstählen und Plünderungen. Das war die Losung, und während der v. Bieberstein von Sorau aus heranzog, brach einer seiner mächtigsten Verbündeten, Burggraf von Dohna auf Friedland, in das Görlitzer Gebiet, wobei Lauban schwer mitgenommen und die Vorstädte geplündert wurden. Bis nach Görlitz wagte sich jedoch der Friedländer nicht.

Im Februar hatten indessen die Sechsstädte alle ihre Mannschaften aufgestellt, man zog gegen Schloß Friedland, das trotz seiner Festigkeit erstürmt wurde, welche glückliche Nachricht zugleich die Görlitzer ihrem Herzog nach Prag meldeten und zugleich um Verhaltungsmaßregeln gegen den v. Bieberstein nachsuchten. Es kam zu einem sechswöchentlichen Waffenstillstand, in Folge dessen das Schloß Friedland wieder zurückgegeben wurde, zugleich ging das Kriegsvolk der Lausitzer auseinander. Diesen Umstand wollte v. Bieberstein aufs neue benutzen, und schon begann er seine Feindseligkeiten abermals gegen das Fürstenthum Görlitz, doch da trat der Herzog Premislav v. Teschen vermittelnd auf und legte Sühne ein.

Im folgenden Jahr 1388 vermählte sich der junge Herzog Johann in seinem 18. Lebensjahr mit einer schwedischen Prinzessin, Tochter des Herzogs Albrecht von Mecklenburg. Seiner Ehe entsproß eine Tochter, die später als Herzogin von Görlitz Erwähnung findet. In demselben Jahr gab es wieder viel Plackerei mit den Straßenräubern und Landbeschädigern. Noch in demselben Jahr erschien der Herzog Johann, von Prag kommend, mit seinem ganzen Hofstaate in Görlitz und bezog das für ihn hergestellte Schloß am Frauenthor. Seine Ankunft sollte mit einem großen Turnier gefeiert werden, allein die Sache zerschlug sich, und schon im Dezember brach der Herzog von Görlitz auf und ging nach Brandenburg.

Bis zu dem Jahr 1391 war der Johann zu verschiedenen Malen in Görlitz anwesend, 1390 kam er nebst seiner Mutter, der Kaiserin Elisabeth, hier an und schloß einen Vergleich zwischen dem Rathe und der Bürger-schaft, die um diese Zeit sehr oft miteinander im Streite lagen. Aus Freude über die eingetretene Einigkeit wurde für zwei Schock Groschen Bier getrunken.

Der Herzog blieb dieses Mal gegen zwei Monate in Görlitz, während dieser Zeit kam auch der Herzog von Schweidnitz nebst seiner Gemahlin nach Görlitz zum Be-suche, auch wurde die Gemahlin des Herzogs Johann in diesem Jahr, Mitte October, von einer Tochter entbunden. Gegen Ende dieses Jahres finden wir den Herzog wieder in Prag.

Der Herzog, dessen Lebenswandel von mehreren Ge-schichtsschreibern als ein höchst unmoralischer geschil-dert wird, was andere dagegen widerlegen, befand sich, sowie sein Bruder Wenzel von Böhmen, stets in Geldver-legenheit. Im Herbst des Jahres 1391 mußte ihm die Stadt wiederum 700 Schock Geschoß und 120 Schock Rente nach Prag schicken, und im folgenden Jahr mußte die Stadt abermals verschiedene alte Schulden für ihn bezahlen. Ferner erhielt er noch in demselben Jahr 300 Schock und bald darauf abermals 200 Mark Gro-schen, worauf er eine Reise zu seinem Bruder, dem Kö-nig Sigismund von Ungarn, unternahm.

Im Jahr 1393 versetzte der Herzog an die Gebrüder Nikel und Günther von Reichenberg zu Klitschdorf ein Stück von der Görlitzer Haide in der Nähe von Schnellen-furt, für die Summe von 100 Schock, forderte auch bald nach seiner Rückkehr aus Ungarn abermals 300 Schock von der Stadt, die er auch erhielt und worüber von seiten des Herzogs zu Schloß Stolpen eine Schuldverschrei-bung ausgestellt wurde. In demselben Jahre bewilligte die Stadt dem Herzoge, der sich zur Zeit in Guben be-fand, nochmals 200 Schock Groschen. Im folgenden

Jahr befand sich Johann ebenfalls in großer Geldverlegenheit, was daraus hervorgeht, daß er die ganze Stadt Görlitz für 3000 Schock verpfänden wollte. Der Rath bot alles auf, um das zu verhindern und schickte Abgesandte nebst dem Stadtschreiber nach Prag; sie zahlten 1000 Schock, um die Verpfändung zu hintertreiben. Der Herzog erschien hierauf in Görlitz, es mußte die Stadt abermals eine Zahlung von 380 Schock leisten, und nach seiner Rückkehr in Prag begnadigte er seinen Vorschneider Nikel von Penzig mit 300 Schock Groschen, gegen Verpfändung der Görlitzer Haide, die diesseits der kleinen Tschirna gelegen.

Über die dunkle, verhängnisvolle Geschichte tritt jetzt ein Stillschweigen ein, worüber nirgends Aufklärungen zu finden sind, nur soviel ist noch angegeben, daß er zu Anfang des Frühjahrs 1396 im Kloster Neuzelle anwesend war, wo der junge Fürst in seinem 25. Lebensjahr vergiftet wurde. Wer war sein Mörder?

Diese Frage ist unbeantwortet geblieben.

Daß jenes abscheuliche Verbrechen durch einen Mönch des Klosters und auf Anstiften höherer Personen ausgeführt wurde, läßt sich nicht bezweifeln. Die mährischen Markgrafen Jobst und Prokop, denen der junge Herzog wegen ihrer habsüchtigen Pläne in bezug auf Böhmen im Wege stand, Sigmund nicht ausgeschlossen, konnten leicht Veranlassung nehmen, unter den feilen, verworfenen, sittenlosen Mönchen jener finsteren Zeit einen Schurken zu dingen, der das Werk des Mordes an dem unglücklichen Herzog Johann von Görlitz zur Ausführung brachte.

Nach der Ermordung des Herzogs Johann wird seiner Gemahlin nicht mehr Erwähnung gethan. Die einzige Tochter desselben kam jedoch unter Vormundschaft des

Königs Wenzel bis zu ihrer Verheirathung. Sie verehelichte sich zweimal und ihr zweiter Gemahl Johann von Bayern starb ebenso wie ihr Vater an Gift.

Sie starb nach einem sehr bewegten Leben zu Trier im Jahre 1451, wo ihr Denkmal noch heute in der Jesuiten-Kirche vorhanden ist. Ihr Titel lautet:

Elisabeth von Görlitz, Herzogin zu Luxemburg,
Gräfin zu Chiny.

Die alte Schreibweise des Textes wurde beibehalten.

*

Richard Jecht erzählte in seiner „Geschichte der Stadt Görlitz" die Geschichte der Pulververschwörung und versetzt den Leser mitten in das 15. Jahrhundert. Die Jahre 1463, 1464 und zum Teil 1465 waren eine Zeit der Ruhe und Erholung für unsere Stadt. Der Landesherr Georg Podjebrad suchte persönlich und durch seine Landvögte Johann von Wartenberg (1459 – 1464) und Benes von Kolowrat (1465 – 1467) mit den Görlitzern, die ihm kühl gegenüberstanden, sich in ein gutes Verhältnis zu setzen, umsomehr, weil ihm mit der Zeit vom Papst und aus Böhmen selbst immer größere Schwierigkeiten erwuchsen. Schließlich erfolgte sogar ein völliger Bruch mit Rom, und ein böhmischer Herrenbund, dem die übermächtige Stellung Podjebrads nicht behagte, ging im Sinne der römischen Kurie vor und stellte sich zu ihm feindselig. Am 23. Dezember 1466 erfolgte schließlich gegen Georg als einen hartnäckigen Ketzer der Kirchenbann. Schon früher war von Breslau her durch Geistliche, vor allem durch den Bischof Rudolf von Lavant, unsere Stadt in Aufregung gegen den König gesetzt. Nunmehr, am 19. Januar 1467, befahl dieser Bischof als Legat des römischen Stuhls direkt den Görlitzern, mit dem Ketzer Georg, von dem sie durch päpstliche Macht entbunden seien, und seinen Amtleuten „keine Handlung noch Gehorsam zu halten", und schickte den Befehl auch allen Pfarrern und Predigern der Sechsstädte, daß man ihn auf Ostern, den 6. April, überall verkünden solle. Noch bis in den Sommer zögerten die vorsichtigen Görlitzer, dann aber am 8. Juni 1467 sagte die Stadt mit den anderen Schwesterstädten dem Landesherren ab (die Landschaft hielt sich zögernd zurück). Die Städte erklärten, daß sie den „Jurgen und Constadt und Podyebrad, da er vom Papste als ein Ungehorsamer erklärt und erkannt und von königlicher Würdigkeit entsetzt sei", feind sein und die Fehde ansagen müßten, ein Schritt von gewaltiger Bedeutung.

Man kann sich denken, welche Aufregung, welcher Zwiespalt der Meinungen, welche Befürchtungen und Hoffnungen in dieser Zeit die Bürgerschaft von Görlitz erfüllten, wie viele Verhandlungen im Rate, Tagungen mit den anderen Sechsstädten, Auseinandersetzungen mit dem königlichen Landvogte und anderen königstreuen Oberlausitzern erfolgten. Träger dieser ganzen Bewegung in Görlitz war der Stadtschreiber Johann Frauenburg, dessen Frau Barbara die Tochter des sehr einflußreichen Bürgermeisters Andreas Canitz war. Mit diesen hochpolitischen Wogen in unserer Stadt kreuzte sich nun eine Welle, die von einem Familienzwiste ausging. Kein Geringerer als Georg Emmerich veranlaßte sie. Er hatte nämlich mit Benigna Horschel, der Tochter eines angesehenen Bürgers und Mitglieds des Rates, im Jahre 1464 ein zartes Verhältnis angeknüpft, und da er für dessen Folgen keinerlei Genugtuung geben wollte, warf er einen Zankapfel in den Rat. Schlau, wie er war, hielt Emmerich sich während der Zeit zurück, aber sein Freund Frauenburg und sein Vater, der Bürgermeister Urban Emmerich, standen als Streiter voran und trafen mit harter, grausamer Hand die Gegenpartei. Wenn Georg Emmerichs frevles Vorgehen nicht gewesen wäre, hätte die Stadt kaum andere Folgen als die Schwesterstädte der Oberlausitz von der Absage gegen Podjebrad zu tragen gehabt, so aber führte der Familienzwist zu der unheilvollen Pulververschwörung.

Verschwörungen und Aufstände gegen den Rat, die zu Hinrichtungen und Bluttaten führten, sind ja auch sonst in der Görlitzer Geschichte bis in das 16. Jahrhundert vorgekommen. Sie sind aber meist zwischen Handwerkern und regierenden Herren entstanden. Jetzt aber spielte sich der Streit in der Hauptsache inmitten der Ratspersonen ab.

Die Namen derer, die sich gegen die führenden Leute empörten, sind: Nickel Horschel, Martin Schleife, sein Tochtermann Christoph Utmann, der Schwager Martin Schleifes, Martin Lauterbach, Lauterbachs Tochtermann Ambrosius Brendel, Nickel Ermelreich, Nickel Spieß, der Tuchmacher Matthes Seidelmann, Nickel Karlowitz, der Landreiter Caspar Etzel. Die Fäden gingen zusammen bei dem Görlitzer Richter Niklas Mehefleisch, beim Görlitzer Hauptmann Martin von Maxen und zuletzt beim Landvogte Benes von Colowrat.

Horschel, die Lauterbache, die Schleife und Ermelreiche waren angesehene Bürger, die zum Teil schon im 14. Jahrhundert große Verdienste um die Stadt hatten. Sie und ihr Anhang schlossen sich, da sie wegen Georg Emmerichs Vergehen gegen die Tochter Horschels ihre Forderung der Ehe oder der Zuteilung der Hälfte seiner Güter von Seiten Emmerichs beim Rate nicht erreichen konnten, zusammen und suchten ihr Recht bei der Landesbehörde, d.h. bei Mehefleisch, von Maxen und Colowrat. Und diese benutzten diese Familienverbindung für ihren politischen Zweck, nämlich die Stadt vor einem Abfalle von Podjebrad zu bewahren. Weil nun diese Absicht, da die Stadt und der Rat fast durchweg dem Ketzerkönig abgeneigt waren, friedlich kaum erreicht werden konnte, drängten Richter, Hauptmann und Landvogt zu gewalttätigem Vorgehen. So wurde denn geplant, die Landeskrone und die Stadt mit königlichen Truppen zu besetzen und der Stadt den königlichen Willen mit Gewalt aufzudrängen. Wie weit nun die Verschwörer in den Plan, bei dem es sich um die Selbständigkeit der Stadt handelte, verwickelt waren, ist schwer zu sagen. Freilich haben wir genaue Quellen, sie stammen aber fast alle von der obsiegenden Partei und sind dazu meist noch auf Aussagen, die die Folter erzwang, gegründet. Der Verlauf der Begebenheiten war folgender:

Die Verschworenen kamen in der Fastenzeit 1466 auf dem Vogtshofe zusammen und veranlaßten den Richter Mehefleisch, für sie beim Landvogt ein gutes Wort einzulegen und ihn zu bewegen, bei dem König Podjebrad in ihrer Sache zu wirken. Der Landvogt äußerte: Die Görlitzer wollen mir „zu Haupte wachsen, ich will sie aber gröber bestrafen als die Kamenzer". Er gab dem Richter den Plan ein, die Stadt an drei Orten anzuzünden; er wolle selbst „beim frühen Imbiß" mit Mannschaft herbeieilen. Zum Feueranlegen wolle er seinen Diener mit drei Holunderröhren, gefüllt mit Pulver und mit Zündknoten, zu ihm schicken. Da dieser erste Anschlag sich zerschlug, wurde die Sache auf den Juni 1466 verschoben, wo der Landvogt mit 1600 Mannschaften zugegen sein wolle. Man solle beim ersten Schlafe von innen das Reichenbacher Tor mit Äxten aufhauen; dort und über die Mauern wolle er eindringen und die Stadt ausplündern und den Verschworenen zur Beute überlassen. Weil es aber dem Landvogt Benes von Colowrat nicht gelang, die Truppenmacht zusammenzubringen, kam auch dieses Vorhaben nicht zustande. In Prag, wohin der Landvogt sich begeben hatte, mahnte man zur Vorsicht. Inzwischen nun sikkerten die Pläne in der Stadt Görlitz immer mehr durch. Durch einen Druck auf den Landvogt veranlaßte man, daß ein neuer Richter eingesetzt wurde und verbürgte den abgesetzten Mehefleisch zweifellos in der Weise, daß er seine Wohnung nicht verlassen durfte, und man hielt auch trotz des Einspruchs des Landvogtes daran fest. Der Bann gegen den König, die Hetze der Geistlichkeit, gegen die der Landvogt und König vergeblich Vorstellungen erhoben, trieben die Sache immer weiter vorwärts. Frauenburg hatte nun in dem Rate einen „guten Mann", den die Verschwörer auf ihre Seite zu bringen suchten, und dieser gab ihm über das dunkle Treiben Nachricht. Der neue Richter, Georg Vende, den die Görlitzer nur ungern angenommen hatten, unterhielt natürlich als königlicher Beamter auch rege Beziehungen zum Landvogt.

Noch einmal kam die landesherrliche Partei zu dem Entschluß, einen Brand um Ostern 1467 anzulegen und die Stadt zu überwältigen. Der Landreiter Caspar Etzel gestand auf der Folter, er habe am 30. März 1467, am 2. Osterfeiertage, in Peter Heupts Hofe – Peter Heupt wohnte Untermarkt 25 neben dem Hirsche – Feuer anlegen wollen, da sei er gestört worden und habe die „Büchse mit dem Pulver, dem Schwefel und dem Brand" eilends von sich geworfen und sei entflohen. Diese Beweisstükke wurden denn auch vorgefunden, und der Täter büßte

1468 mit dem Schwert. Vergeben schrieb der Landvogt nach Prag, man möge ihm nicht nur 2000, wie man versprochen, sondern 3000 Mann nach der Oberlausitz gegen die Aufrührerischen schicken. Georg Podjebrad brauchte seine Truppen in Böhmen selbst. In Görlitz hatte man schon 1466 an den Befestigungen der Stadt gebaut, einen neuen Büchsenmeister aufgenommen und Söldner, darunter den Todfeind Podjebrads, Caspar von Nostitz, herangezogen. Damit fuhr man 1467 in verstärktem Maße fort; die Dorfschaften wurden aufgeboten, noch weitere Söldner aufgenommen, berittene und zu Fuß, die Stadtwachen ansehnlich verstärkt. Gegen Ostern 1467 wurde bekannt, daß Melchior von Löben, ein Parteigänger Podjebrads, die Landeskrone besetzen und dort „ein Tabor" (Verschanzung) machen wolle, nachdem er von allenthalben dorthin Vieh zusammengetrieben hätte. Die Sache bekam dadurch mehr Schrekken, weil man sich auch etlicher „Landesherren" erwehren mußte. Die Gegner der Stadt hatten auch in Absicht, den Stadtschreiber Frauenburg bei einer Reise nach Breslau abzufangen, um ihn ernstlich und gründlich (d.h. auf der Folter) aller der Sachen halben zu fragen.

Dunkle Gerüchte verbreiteten sich, daß der König selbst nach dem Lande kommen und Görlitz besetzen wolle. Dann werde ein großer Teil der Stadt ihm zufallen, und es würde eine große Strafung geschehen und „zween oder drei über die Klinge fallen". Auch an eine Verfassungsänderung in der Stadt werde gedacht. Der Gemeinde solle gegenüber dem Rate mehr Vorrecht zuteil werden. Der eine Verschworene, Martin Lauterbach, werde die Regierung der Stadt erhalten. Herzog Hans von Sagan, ein Anhänger des Königs, wolle mit Truppen herankommen; auch solle die Landeskrone besetzt und von dort nach Bautzen hin und über Hohkirch (Melisdorf) nach dem Saganschen zu Feuersignale gegeben werden. Am 26. März 1467 kam denn auch von Sagan ein beängstigender Warnungsbrief. Da ging der Rat ohne Zögern vor. Eilends besetzte er am 27. März die Landeskrone, ließ die Mannschaft bis 1469 auf die Berge und rüstete weiter. Durch all das wurde die Stellung des Landvogts im Lande unhaltbar, und am 7. April verließ er die Oberlausitz. Sein Getreuer, der Hauptmann von Maxen, begleitete ihn bis Tetschen und äußerte sich: Der Landvogt hat das von niemandem als von den von Görlitz, sie fahren zumal übel an ihm. Auch der Vogt selbst schrieb um diese Zeit: Mann und Städte wollten sich rechtlich und ziemlich halten, ausgenommen die von Görlitz, „die sich denn sprießen". Später, als die Oberlausitzer die Ortenburg, den Sitz des Landvogts zu Bautzen, besetzten und das Archiv durchsahen, fanden sie Briefschaften, aus denen sie erfuhren, wie übel der Vogt, wenn er die Macht bekommen hätte, mit den Städten und etlichen auf dem Lande verfahren wollte. So hatte der Rat zu Görlitz durch schnelles kraftvolles Zupacken die Stadt vor unmittelbarer Gefahr gerettet. Aber immer noch war Podjebrad rechtlich Landesherr. Noch drei Tage vor der förmlichen Absage, die am 8. Juni 1467 erfolgte, schrieb er ein versöhnliches Schreiben an die Sechsstädte. Die Verschworenen aber in Görlitz haben zweifelsohne im Sommer 1467, als Georgs Stern immer mehr sank, eine angstvoll traurige Zeit verlebt, denn es schwebte in Wahrheit über ihnen des Damokles Schwert.

Schon Ende Mai nahm man als neuen Landvogt den „Jungherrn" Jarislaus von Sternberg, den Sohn des alten Zdenek von Sternberg, der aus einem Freunde Podjebrads ein Feind geworden war, auf, in Bautzen aber wurde Christoph von Haugwitz für Nickel von Pannwitz Hauptmann, in Görlitz für den von Maxen Caspar von Nostitz auf Tzschocha. Natürlich fuhr man in der Neißestadt fort zu rüsten. Es wurde in der Stadt das Kreuz gegen den ketzerischen König gepredigt. Wer als Kreuzritter die Waffen ergreife, der erhalte kraft der apostolischen Vollmacht ewiges Leben. Gleiche Wohltat wurde für diejenigen versprochen, die in die aufgestellten Ablaßkästen für den guten Zweck Geld einzahlten. So empfing der Görlitzer Rat vom Pfarrer auf diese Weise die große Summe von 288 Schock. Der gottesfürchtige alte Stadtschreiber Johannes Bereit, der Vorgänger Frauenburgs, rüstete für sein Geld zwei „Kreuziger" auf sechs Monate aus. Die Kreuziger trugen auf ihren Kleidern angenäht Kreuze aus rotem Tuche. Ihr Glaubenseifer ging bald in wildestes Gebaren über, sie schonten weder Weib noch Kind und wurden eine arge Landplage.

Da die Sache immer mehr Glaubenssache wurde und die Kirche immer mehr gegen Georg Podjebrad vorging und der Abfall von Podjebrad auch für die Stadt recht empfindliche Kriegswirren in Aussicht stellte, so gestaltete sich die Stimmung gegen die des Verrates bezichtigten Einwohner immer bedrohlicher. Am 22. und 23. August 1467 zog man sie ein. Am 30. August legte man Niklaus Mehefleisch auf die Folter, eine weitere peinliche Frage folgte, eine dritte geschah am 29. Januar 1468. Das gleiche geschah auch mit Martin Lauterbach, dessen Bekenntnisse vom 21. März und 11. und 13. Mai 1468 noch vorhanden sind; so auch mit Martin Schleife am 12. und 16. Mai und mit Niklaus Ermelreich am 12. und 23. Mai 1468. Um sich gleichsam zu rechtfertigen und den übrigen Sechsstädten eine Einsicht in die Verschwörung zu geben, legten die Görlitzer am 4. April

1468 die Bekenntnisse des Richters Mehefleisch den Abgesandten der Sechsstädte wohl in Bautzen vor. Infolge dieser erpreßten Bekenntnisse wurden die Beschuldigten dem Henker übergeben. Am 6. April 1468 büßte Niklaus Mehefleisch seine Tat. Er wurde auf dem Markt vor dem Rathaus geviertteilt und vor jegliches Stadttor ein Viertel und ein Schenkel auf dem Töpferberg hinaus aufgehängt. Den 31. Mai folgten Lauterbach und Schleife. Sie wurden vor dem Pranger auf dem Markt enthauptet und auf dem Kirchhof unserer Lieben Frauen in ein Grab gelegt. Zuletzt erlitt Ermelreich dasselbe traurige Schicksal am 6. September. Die anderen Eingezogenen und Bestrickten entgingen der Folter und dem Tode durch Henkershand. Doch wurden Matthes Seidelmann, Ambrosius Brendel, Nickel Carlewitz, von dem das Schlimmste die mächtige Fürsprache des Bischofs Rudolf zu Breslau abwandte, nachdem sie längere Zeit im Gefängnis gesessen, der Stadt verwiesen. Dasselbe grausame Schicksal erfuhren die unschuldigen Witwen Lauterbachs und Schleifes, denen man mit Mühe nur eine Frist von 14 Tagen bewilligte. Endlich wurde Christoph Utmann, Nickel Horschel und Nickel Spieß befohlen, daß ein jeder gegen Bürgen mit Worten und Werken gegen den Rat und die Gemeinden sich bescheiden halten und daß sich hinfort nicht zwei oder mehr beieinander an einer Stelle in oder vor der Stadt anderswo finden lassen sollten. In einer allgemeinen Verfügung aber verbot der Rat „jede Sammlung und Quoß" bei 200 Schock Strafe und in wiederholtem Falle bei Verweisung aus der Stadt.

So war der Aufstand durch fünf Todesurteile, durch etwa 10 Verweisungen und drei schlimme Bestrickungen niedergeschlagen. Von den Bestraften saßen Horschel von 1431 – 1465, Martin Lauterbach von 1434 – 1463,

Martin Schleife von 1444 – .1465 im Rate. Die Nachrichten aus dieser Zeit erzählen von ihrem verdienstvollen Wirken für die Stadt. Bürgermeister in den entscheidenden Jahren 1464,1465,1466,1467,1468 waren Urban Emmerich, Andreas Canitz, Seyfried Goswin, Gregorius Selige, Niklas Neuwirt. Um uns die Personen, die in der Pulververschwörung eine Rolle spielten, auch jetzt noch örtlich näher zu bringen, seien ihre Wohnungen erwähnt. Frauenburg wohnte Brüdergasse 11, Andreas Canitz Petergasse 8 (Eckhaus nach der Peterskirche hin), Seyfried Goswin im Hirsch, Gregorius Selige Brüdergasse 12 oder 13, Martin Schleife, der Schönbrunn besaß, Neißstraße 29 (wenigstens 1453), Martin Lauterbach, der Ober-Schönbrunn besaß, Obermarkt 32 (sonst war Neißstraße 29 mindestens seit 1403 ein altes Lauterbachsches Haus). Die Lauterbache und Schleife waren versippt; Ambrosius Brendel verkaufte 1439 die Mühle zu Leschwitz; Niklas Horschel besaß seit 1436 den Goldenen Baum, früher seit 1427 das Haus Untermarkt 23, Christoph Utmann wohnte 1453 Peterstraße 9, Niklas Mehefleisch in der Niklasgasse zur Linken beim Hinabsteigen im zweiten Hause; Nickel Spieß besaß bis 1470 das Dorf Cosma, das von ihm in diesem Jahre Hans Büttner kaufte.

Schon etliche Zeitgenossen waren über das grausame Verfahren und die fürchterlichen Strafen entsetzt und über die Schuld anderer Meinung als die Gewalthaber. Der Breslauer berühmte Chronist Peter Eschenloer nennt die vier vornehmen Hingerichteten „redliche Stadtkinder". Er setzt hinzu: Ob die Anschuldigungen wahr waren, wurde eigentlich nicht offenbar; denn das, was sie in der Marter bekannten, das widerruften sie, als man sie tötete. Ich habe sie alle vier gekannt und anders von ihnen nichts verstanden, denn Gutes. Wie es darum ist, steht zu Gott. Und Peter Eschenloer wußte ja in Görlitz Bescheid; er war dort aufgewachsen, wurde dort Schulmeister und ging 1455 als Stadtschreiber nach Breslau, hielt aber noch rege Verbindung mit Görlitz. Ferner sagte Seyfried Goswin, ein verdienter Bürgermeister, der freilich bei dem Strafprozesse hin und her schwankte: Ich habe es gehindert, so lange ich es habe hindern mögen, so ich nicht mehr gekonnt habe, hat man sie (die Verurteilten) weggenommen. Was konnte ich allein tun! – Wenig will das Urteil des sehr parteiischen böhmischen Geschichtsschreibers Palacky besagen, der den Frauenburg „einen der abgefeimtesten Schurken seiner Zeit" nennt. Horschel, Lauterbach, Schleife kamen als Schützer ihrer Familienehre wie von selbst in Widerstreit mit der Stadtpolitik, die gegen Podjebrad sich wandte. Immerhin war Podjebrad bis im Juni 1467 gesetzmäßiger Landesherr. Wenn man also will, kann man bei den Vergehungen, die sämtlich vor dem Sommer 1467 liegen, nicht von Hochverrat sprechen. Freilich kommt hier in Widerstreit die Auffassung, daß die Stadt Görlitz sich selbst als Staat gegen die böhmische Krone betrachtete. Daß die Verurteilten gegen die allgemeine Stimmung der Stadteinwohner fest an Podjebrad und seinen Beamten hielten, ist sicherlich richtig, aber begreiflich und wurde ihr Unglück – eine Tragödie, wie sie sich bei politischen Umwälzungen immer und immer wiederholt und gerade im 15. Jahrhundert oft zu Bluttaten führte (so in Liegnitz bei Ambrosius Pietsch, in Breslau bei Dompnig, in Zittau bei Hans Pabst).

Die alte Schreibweise des Textes wurde beibehalten.

Über den Pönfall, eines der wichtigsten regionalgeschichtlichen Ereignisse, berichtete Ernst Kretzschmar in seinen „Geschichten aus Alt Görlitz":

Der Pönfall

Hochmut kommt vor dem Fall. So heißt es von einem selbstgerechten Großtuer, dem man einen gehörigen Dämpfer von Herzen gönnt. Hochmütig waren die Großen von Görlitz wohl weniger, aber sie wußten ganz gut, was sie den Landesherren als Verbündete wert waren. Ihr Reichtum, ihre militärische Kraft und ihre Privilegien ließen kaum einen Unterschied zwischen der mächtigen Sechsstadt und einer freien Reichsstadt erkennen. Auf die Dauer war die Zeit den Städten nicht mehr günstig. Die Landesherren erstarkten und wollten das städtische Bürgertum unter ihre Botmäßigkeit bringen. In der Oberlausitz half der mißgünstige Landadel mit fortwährenden Beschwerden gehörig nach, die Städte bei König Ferdinand in Prag anzuschwärzen. Es gefiel ihnen nicht, daß sie in der Gerichtsbarkeit, der Bierfuhre und anderen Rechten immer mehr beschränkt worden waren. 1538 hatten die Görlitzer zwar den König noch mit kostspieliger Pracht empfangen und ihn mit teuren Geschenken bedacht. Aber der stockkatholische Herr verfolgte argwöhnisch, wie das Luthertum in den Städten an Einfluß gewonnen hatte.

1547 kam für den König eine willkommene Gelegenheit, die Städte zu unterjochen. Im Schmalkaldischen Krieg bekämpfte er gemeinsam mit seinem Bruder, Kaiser Karl V., den protestantischen Kurfürsten von Sachsen Johann Friedrich. Von der Oberlausitz verlangte er die gewohnte Militärhilfe. Die Stadt und der Landadel folgten der Aufforderung, aber ohne Eile und Eifer. Für zwei Monate bot der Adel 1000 Mann auf, die Städte beteiligten sich für die gleiche Zeit mit 500 Mann. Die Truppe verkleinerte sich unterwegs durch Meuterei, die Reste verliefen sich nach Ablauf der Frist, ohne daß es bis dahin zur Entscheidungschlacht gekommen war. Zu spät erhielten die Städte die Weisung, die Truppen für weitere zwei Monate zu stellen. Der Adel half dem König, seine Schlacht zu gewinnen und klagte die säumigen Städte bei ihm an. Das Strafgericht ließ nicht auf sich warten.

Für den 1. September wurden Bürgermeister, Richter, Ratsherren und Handwerkerälteste als Bevollmächtigte der Städte nach Prag geladen, um sich zu rechtfertigen. Die Görlitzer Abordnung von 20 Bürgern leitete Bürgermeister Jakob Rößler. Am 5. September mußten die 81 Städtevertreter vor dem König erscheinen. Für die Anklage hatte der Adel dem König belastendes Material zugespielt. Während der Verhandlung mußten die Städter drei Stunden lang auf Knien warten, danach kamen sie sofort in Haft. Zwei Tage darauf eröffnete man den Städten die Strafartikel. Sie sollten alle Privilegien und Freiheiten verlieren, darunter die Ratswahl, die Gerichtsbarkeit und das Münzrecht, alle Geschütze mit Munition abliefern, alle Stadt-, Lehn- und Landgüter abtreten, die Kirchenkleinodien herausgeben und eine Strafsumme von 100 000 Gulden, davon Görlitz 40 000, aufbringen. Für alle Bitten um Milde blieb der König taub. Die Stadtvertreter hielt er in Gewahrsam, nur je zwei wurden in ihre Städte entlassen, um binnen drei Wochen die Hälfte des Strafgeldes einzutreiben.

Als nun die Görlitzer von dem harten Pönfall erfuhren, flammte der Unwillen gegen die Ratsherrschaft erneut auf. In einem Schmähartikel, der an der Waage auftauchte, hieß es: „Gebt es selbst, da es euch auferlegt ist. Ihr seid böse Haushälter für die Gemeinde der Stadt Görlitz. Ich glaube, ihr habt es selbst verzehrt mit Fressen, Saufen und Spielen. Mögt wohl Herren bleiben, daß wir andern, die arme Gemeinde, müssen arm bleiben. Jeder hat etwas für sich. Einer hat den Weinkeller, der andere das schlechte Salz.“ Zahlen wollte so bald keiner. Aber die königlichen Kommissare kamen in die Stadt und ließen die gesamte Kriegsausrüstung nach Bautzen bringen, über 50 Geschütze, 800 Spieße, 400 Hellebarden und 400 Harnische. Die städtischen Dörfer kamen unter die unordentliche königliche Verwaltung. Einige Privilegien konnten die Städte zurückkaufen, darunter Stadtwaage, Zoll, Waidhandel, Salzmarkt, Weinkeller und Bierbrauerei. Auch der Rückkauf von Gütern und Forsten war kostspielig. Die Rechte der freien Ratswahl und der Obergerichtsbarkeit wurden erst nach Jahren und mit Einschränkungen aufs neue gewährt.

Der König hatte die Städte gehörig geschröpft. Ihre alte Macht gewannen sie nie wieder zurück. Schlimmeres stand ihnen noch bevor.

Eine Schilderung des für Görlitz so bedeutsamen Aufenthaltes von König Friedrich Wilhelm IV. im Jahre 1844 nahm Max Kwiecinski in „Das Wichtigste aus der Geschichte von Görlitz“ vor:

1844 am 31. Mai, abends 11 Uhr, traf Se. Maj. der König von Kottbus aus, und nach längerem Verweilen in Muskau, in Görlitz ein, begleitet vom General von Neumann, Flügel-Adjutanten Grafen von Finkenstein und General-Stabsarzt Dr. Grimm. Von Berlin war der Vize-Ober-

Zeremonienmeister Baron von Stillfried, von Breslau der Ober-Präsident der Provinz, Dr. von Merckel, und von Liegnitz der Regierungs-Chef-Präsident Graf zu Stollberg eingetroffen. Der Fürst Pückler von Muskau, welcher den König in seinem Park bewirthet hatte, war über Niesky vorausgeeilt und konnte wiederum der erste sein beim Empfange in Görlitz. Der Empfang selbst geschah vor dem Quartiere Sr. Majestät, dem Gasthofe zum Hirsch. Die Stadt war festlich erleuchtet, das Eingangsthor mit einer Ehrenpforte und ebenso der Gasthof zum Hirsch mit einem Halbkreis von grünen, mit Blumen geschmückten Säulen geziert. Nach dem Empfange ließ sich Se. Majestät noch die versammelten Geistlichkeiten, Militär- und Zivilbeamten vorstellen und dieselben zu einem Diner auf den folgenden Tag einladen. Auch nahm er die Einladung der Stadt zum Besuch der Landeskrone sowie der Stände und der Stadt zu einem Balle ebenfalls für den nächsten Tag an. Sonnabend, den 1. Juni, begünstigte das schönste Wetter die getroffenen Vorbereitungen. Nachdem der König die hiesige Garnison inspiziert und sich zu Fuß auf den Exerzierplatz begeben hatte, wurde die Spazierfahrt nach der Landeskrone angetreten. Auf dem Berge waren Zelte zur Aufnahme des hohen Gastes erbaut worden; von dem Pavillon des höchsten Gipfels wehte das Panier der Stadt Görlitz. Früh um 9 Uhr langte der Monarch am Fuß des Berges an, machte von den Tragestühlen aber keinen Gebrauch. Unter Kanonendonner und Musik empfingen die städtischen Behörden den König auf der Platte des Berges nach alter Sitte mit einem Ehrenpokale, aus welchem Se. Majestät auf das Wohl der Stadt trank, sodann erstieg er, ohne auszuruhen, die Spitze des Berges und genoß dort die Fernsicht. Der König unterhielt sich mit dem Bürgermeister Demiani über die Verhältnisse der Stadt, welche sich am Fuß des Berges im schönsten Sonnenglanze präsentierte, namentlich über die Bevölkerung derselben in der Vergangenheit und Gegenwart. Bei der Angabe der jetzigen Seelenzahl (über 15 000) bemerkte Se. Majestät, daß der Stadt Görlitz die Rechte einer großen Stadt zuständen, und ernannte auf die huldreichste Weise den Bürgermeister Demiani zum Ober-Bürgermeister.

Darauf nahm der König in dem Zelte ein Frühstück ein, wozu der Fürst Pückler-Muskau, der Oberpräsident von Merckel, Regierungs-Chefpräsident Graf zu Stollberg, Oberbürgermeister Demiani und der Stadtverordneten-Vorsteher Schmidt befohlen wurden. Mit letzterem unterhielt sich der König angelegentlich über die gewerblichen und merkantilischen Zustände der Stadt, wobei der Herr Oberpräsident eine für die Stadt ehrenvolle und aufmunternde Schilderung von dem Industriezustand der Bürgerschaft mit dem gedeihlichen Wachsthum derselben machte.

Unter dem Jubel der Menge verließ der König den Berg, legte die steile Bahn abermals zu Fuß zurück und begab sich nach der Stadt, besichtigte daselbst die Frauen-, Annen- und Dreifaltigkeitskirche, einen Theil der Stadtmauern, das Kloster und das heilige Grab (wo er sich in das Fremdenbuch einschrieb) und besuchte von da die Königshainer Berge, wo in der Nähe des Hochsteins der Hofrath von Heinitz als Grundbesitzer den Empfang des Königs vorbereitet hatte. Se. Majestät bestieg nach kurzer Rast in einem errichteten Zelte den Hochstein, sichtlich erfreut durch die Aussicht auf die umliegende freundliche Landschaft. Die unter Direktion des Organisten Görmar errichtete Liedertafel stimmte inzwischen mehrere Lieder im Männerchor an, was in dieser Umgebung einen wirksamen Eindruck machte. Der König ließ sich den genannten Dirigenten vorstellen und dankte mit freundlichen Worten.

Nach der Rückkehr fand im Gasthof zum Hirsch das Diner statt, woselbst der hohe Gast die Einladung der Stadt, die Obermühlberge noch abends zu besuchen, annahm. Um $8^1/_2$ Uhr begann der Ball im Ressourcen-Saale, den der König eröffnete, und um $9^1/_2$ Uhr begab er sich auf die Obermühlberge, wo eine ungeheure Menschenmenge sich versammelt hatte. Die Park-Anlagen und die Alleen, die von dem Portikus nach der Höhe führen, waren mit den hier üblichen Kienfeuern erleuchtet, der Portikus selbst, sowie die Gartenhäuser, die die Promenaden begrenzen, strahlten von bunten Lampen. Auch die Stadt selbst war wieder illuminiert. Auf der Höhe der Obermühlberge war ein großes Zelt erbaut, in dem der König jedoch nur kurze Zeit verweilte, vielmehr von der Platte aus die vom vollsten Mondlicht erhellte Gegend des herrlichen Neißthales mit dem Flusse und den darüber hinausliegenden Bergen beschaute. Auf allen Bergen umher brannten Freudenfeuer, und von einer Landzunge im Flusse wurde ein kleines Feuerwerk abgebrannt. Sodann begab sich Se. Majestät nach dem Balle zurück, der bis nach Mitternacht fortgesetzt wurde. Sonntag, den 2. Juni, wohnte der König dem Gottesdienst in der Peterskirche bei, wo die noch vom seligen Blüher arrangierte, zum Theil komponierte Musik zur Liturgie den Beifall Sr. Majestät fand, so daß befohlen ward, die Noten nach Berlin zu senden. Nach dem Gottesdienst ließ sich der König noch mehrere Personen vorstellen und nahm sodann ein Frühstück ein, an welchem über 30 Personen theilnahmen. Am Schlusse desselben ergriff der König das Glas und sprach seine Zufriedenheit mit der Aufnahme sowohl in der Lausitz überhaupt, als auch in Görlitz besonders aus, mit dem Beisatze: „Sagen Sie dies jedem Lausitzer wieder, der Ihnen begegnet." Die Antwort auf diesen gnädigen Abschiedsgruß gab das würdige Haupt der Provinz, Oberpräsident Dr. von Merckel, worauf der Fürst Pückler dem König ein Hoch ausbrachte. Mit den Worten: Zum dritten und letzten Male Dank! wurde das Mahl aufgehoben, und der König trat mittags nach 12 Uhr die Rückreise nach Guben an, nachdem er noch für die Armen 100 Dukaten angewiesen hatte.

Als ein Andenken an die Anwesenheit übergab die Stadt Görlitz ein Heft architektonischer Zeichnungen der hiesigen Peterskirche, die der König freundlichst annahm, jedes einzelne Blatt vorzulegen gestattete und hierbei der alten berühmten Orgel und ihres Erbauers rühmend gedachte. Ein Theil der Zeichnungen ist auf Kosten des Magistrats in Steindruck vervielfältigt und mit gedrucktem Text begleitet worden, welches Werk ebenfalls überreicht worden ist. Dazu nahm der hohe Gast noch ein Exemplar des alten Holzschnittes vom Jahr 1565, die Stadt Görlitz darstellend, entgegen.

Die alte Schreibweise des Textes wurde beibehalten.

Auch von Naturkatastrophen wurde Görlitz im Verlaufe seiner Geschichte heimgesucht. Max Kwiecinski weiß über das Hochwasser im Jahr 1897 folgendes zu berichten: Infolge der in der letzten Hälfte des Monats Juli unaufhörlich fallenden Regengüsse stieg der Wasserstand der Neiße erheblich über den sonst in dieser Jahreszeit gewöhnlichen Stand von etwa 1 Meter Pegelhöhe. Am

29. Juli wurde aus Friedland i.B. ein erhebliches Steigen des Wittigflusses gemeldet, das am Vormittag ein Steigen des Wasserstandes bis auf zwei Meter verursachte und damit bereits die Ausuferungsgrenze erreichte. Als am 30. Juli morgens von Zittau die Nachricht einging, daß auch die Neiße in rapidem Steigen begriffen sei, mußte auf ein weiteres Steigen der Neiße auch im Görlitzer Gebiet gerechnet werden. Nach den bisher gemachten Erfahrungen war jedoch anzunehmen, daß das Hochwasser der Wittig bereits den Stadtkreis passiert haben würde, bevor das Hochwasser der Neiße die Wittigmündung erreichte. Obwohl alle vorgeschriebenen Sicherungsmaßregeln sofort zur Anwendung gelangten, so war die Gefahr doch größer, als erwartet werden konnte. Infolge der anhaltenden Regengüsse trat ein überaus schnelles Steigen des Wassers im ganzen Flußgebiet ein. Der Wasserstand betrug bereits vormittags 10 Uhr 2.30 Meter und erreichte am Nachmittag die alle bisher bekannten Hochwasserstände weit übertreffende Pegelhöhe von 5.30 Meter. Erst am Vormittag des nächsten Tages trat allmähliches Fallen ein, welches in der Nacht vom 1. zum 2. August durch eine bis 3.60 Meter steigende Flutwelle unterbrochen wurde. Der Wasserstand von zwei Meter, bei welchem der Fluß ufervoll ist, hielt bei starker Strömung noch wochenlang an. Die aus ihren Wohnungen vertriebenen Bewohner fanden bei Nachbarn Aufnahme. Dies war mit Schwierigkeiten nicht verknüpft, da bei der Lage der verhältnismäßig steil ansteigenden Ufer nur ein geringer Bruchteil der Bewohner von der Überschwemmung betroffen wurde. Hauptsächlich litten die am Fluß gelegenen Baulichkeiten an der Uferstraße und Pragerstraße, besonders die Fabriken von Müller & Kaufmann und Dr. Weil. Das Wohnhaus

nebst Scheune des Arbeiters Fritsche unterhalb der Rothenburgerstraße wurde von den Fluten vernichtet. Großer Schaden wurde auch auf den Bleichen und an den an der Rothenburgerstraße gelegenen Gärten angerichtet, indem das Uferland teils fortgerissen, teils mit Geröll überschwemmt wurde. Die hölzerne Neißebrücke wurde stark beschädigt und blieb deshalb wochenlang für den Verkehr gesperrt. Die Überschwemmung setzte auch das Maschinen- und Kesselhaus des Elektrizitätswerkes in einer Höhe von 1.40 Meter unter Wasser, infolge dessen eine fünfzehntägige Betriebsstörung eintrat. Abgesehen von den entgangenen Einnahmen beansprucht die Beseitigung der entstandenen Schäden 16 000 Mark. Die notwendigen Sicherungen des Maschinen- und Kesselhauses gegen das Eindringen des Hochwassers, und zwar zu einer Höhe von 1 Meter über den höchsten Wasserstand von 1897, wurden sogleich in die Wege geleitet und bis zum Frühjahr 1898 ausgeführt.

Die freiwillige Wasserwehr beteiligte sich in hervorragender Weise an den Rettungsarbeiten. Mehrere Personen konnten nur mit größter Mühe vom Tode des Ertrinkens gerettet werden; eine Person fiel dem wilden Element zum Opfer.

Der durch das Hochwasser in Görlitz angerichtete Schaden wurde auf gegen 730 000 Mark berechnet, wovon auf die Stadtgemeinde etwa 100 000 Mark und auf Privateigentum 630 000 Mark entfallen.

Sofort nach dem Eintritt des Hochwassers gründete sich unter dem Vorsitz des Oberbürgermeisters Büchtemann ein Lokal-Komitee zur Unterstützung der Notleidenden, welchem von Privaten außer Kleidungsstücken, Mobilar etc. gegen 62 000 Mark und von der Staatsregierung 13 000 Mark überwiesen wurden. Die Gaben wurden von dem Komitee nach sorgfältiger Prüfung an die geschädigten Bewohner des Stadtkreises, des Landkreises und des Kreises Lauban verteilt. Die erste Verteilung erfolgte bereits am 20. August.

Von einer Katastrophe ganz anderer Art berichtete Ernst Kretzschmar in seinen „Geschichten aus Alt-Görlitz". Der Einsturz des Stadthallendaches hat die Gemüter der Bürgerschaft tief bewegt:

Drückende Schwüle lag seit mittags über dem Stadtpark. Melancholisch flöteten die Amseln zwischen Portikus und Ständehaus. Über Nacht war das frische Laub dicht geworden wie im Sommer. Sanft knirschte der frische Kies unter den Schuhsohlen der zwei Männer, die mit eiligen Schritten zur steinernen Neißebrücke unterwegs waren.

Schlossermeister Lehmann kam bei diesem Tempo ins Schwitzen. Sein Bruder Karl aus Cottbus war heute, am 9. Mai 1908, nur für ein paar Stunden zu Besuch. Da sollte er wenigstens die neueste Sehenswürdigkeit kennenlernen – die Musikhalle, in der man bei den letzten Ausbauarbeiten war. Schon leuchtete das prächtige Bauwerk durch das Frühlingsgrün der Parkbäume. Schlossermeister Lehmann las seinen „Görlitzer Anzeiger" bis zur letzten Zeile. So wußte er ganz gut Bescheid, welches Hin und Her es um die neue Stadthalle gegeben hatte. Es stimmte schon, dieser gräßliche Zirkusschuppen, den die Görlitzer den „Musikstall" getauft hatten, war längst zu ärmlich für die Schlesischen Musikfeste geworden. Aber das neue Haus mit seinen zwei Sälen, seiner Gaststätte und seinem Konzertgarten mochte zu kostspielig für Görlitzer Verhältnisse sein. Erst 1906 hatten die Stadtverordneten die veranschlagten 810 000 Mark genehmigt. Eine Lotterie erbrachte 300 000 Mark, Spenden gingen ein. Mittlerweile wurde alles teurer, man beschleunigte das Bautempo, und nun waren es nur noch Wochen bis zur Eröffnung. Schlossermeister Lehmann drängte zur Eile und schaute besorgt auf seine Taschenuhr. Eine Viertelstunde nach drei war es gerade. Ein sonderbares, kräftiges Rauschen schreckte die beiden Männer auf. Sekunden später folgte ein donnerndes Getöse, als hätte eben ein Blitz einen Parkbaum getroffen. Ein gewaltiger graubrauner Staubpilz wuchs aus dem Gebäude, verfinsterte den Himmel und umhüllte die Mauern. Mit Schreien des Entsetzens sprangen Bauarbeiter aus Türen und Fenstern zu ebener Erde. Einer jagte zum Feuermelder am Park und zog den Alarmhebel. Nach wenigen Minuten war die erste Feuerwehr da. Langsam senkte sich die Staubwolke. Fassungslos sahen die zwei Spaziergänger, daß der obere Teil der Umfassungsmauer fehlte. Auch die Dachfiguren waren verschwunden. Um vier Uhr nachmittags hatte sich eine aufgeregte Menschenmenge angesammelt. Was war geschehen? Was tat sich dort unten in den Trümmern? Weitere Feuerwehren rückten an – 40 Mann Freiwillige Feuerwehr, 20 Mann Werkfeuerwehr und 80 Arbeiter aus der Waggonfabrik. Später kam noch eine Kompanie Pioniere. Rettungswagen fuhren durch die schmale Gasse inmitten der Tausende, die Stunde um Stunde warteten. Zeitungsreporter tauchten auf, dann die Fotografen Scholz und Mader mit ihren Apparaten. Endlich stieg ein Bauführer auf einen Feuerwehrwagen und gab knapp Auskunft, was man bis jetzt wissen konnte. Stukkateure hatten auf dem Hochgerüst an der Saaldecke gearbeitet, als plötzlich das Dach des Mittelbaus eingestürzt war und die Gerüste hinabgerissen hatte. Die herabstürzende Dachkonstruktion hatte den Saalboden eingedrückt, die Trümmer füllten nun die Keller. Logen und Ränge waren zerstört, die Außenmauern eingerissen. Fünf Arbeiter waren durch den Schutt erschlagen oder erstickt, acht weitere verletzt worden. Zum Glück waren einige Beschäftigte der Dresdener Firma Henseler schon mit dem Nachmittagszug abgefahren, um am Wochenende bei ihren Familien zu sein, sonst hätte die Katastrophe mehr Menschenleben gefordert. Architekt und Bauleiter waren in Untersuchungshaft, hieß es.

Der Abend wurde trübe und regnerisch. Die Regenströme eines Gewitters schlugen gegen die einsturzgefährdeten Wände. Zerborstene Balken, verbogene Stahlträger und Steinklumpen vermengten sich zu einer gespenstischen Kraterlandschaft. Erst am Sonntagabend wurden die Rettungsarbeiten eingestellt.

Etliche Briefe hatte Schlossermeister Lehmann noch an seinen Bruder zu schreiben, der zufällig zum Augenzeugen geworden war. Aus der Zeitung wußte er vom Fortgang der Untersuchungen, vom Prozeß gegen die Verantwortlichen, der 60 000 Mark kostete und mit Freispruch endete, und von der um zwei Jahre verspäteten glanzvollen Eröffnung am 27. Oktober 1910. Hatten die Stadtväter anfangs bei den Baukosten geknausert, waren nun am Ende 1 140 000 Mark zusammengekommen. Für die Bauarbeiter gab es ein Bankett im großen Saal. Beim Eröffnungskonzert aber blieben die hohen Herrschaften unter sich. Verstohlen blickte mancher befrackte Ehrengast zur Saaldecke hoch. Daß sie jetzt standhielt, war mit Menschenopfern erkauft. Schlossermeister

Lehmann jedoch las in seiner Zeitung von kostbaren Garderoben und von jubilierendem Chorgesang.

Ein falscher Freiherr

Wenn Eingeweihte den Namen „Bornemann" lesen, macht es „Klick!" Halt, weiß man da, aufpassen! Bornemann legt alle Leute rein. Unter falschem Namen schreibt der Witzbold aus dem Westfälischen Briefe an Prominente und weniger Prominente. Seine Masche ist immer gleich: er lockt die Adressaten mit tollkühn erfundenen Geschichten zu schriftlichen Reaktionen heraus. Und die veröffentlicht er dann in Büchern, damit andere schadenfroh darüber lachen können. Mit den Görlitzern hat er sein teuflisches Spiel auch getrieben. Niemand hat es gemerkt, alle sind darauf hereingefallen. Als „Freiherr Ferdinand von Sobislaus", wohnhaft in der „Villa am Drachensee" in Kiel, schrieb Bornemann am 7. März 1990 an „meine lieben Görlitzer Untertanen", zu Händen des Bürgermeisters. Er kündigte in seinem Schreiben an, die Bürger beim Neubeginn nach der „Wende" anführen zu wollen. Am 4. April würde er „mit kleinem Gefolge", Leibarzt, Diener, Wächter, Küchenpersonal, „um etwa 11 Uhr vormittags aus Richtung Löbau in die Stadt einfahren". Eine schlichte, „aber herzliche Zeremonie" wünschte er sich zur Begrüßung, doch keinesfalls „rote Nelken oder gar rote Fähnchen". Spätestens da hätte der Görlitzer Bürgermeister den Braten riechen müssen. Doch er handelte amtlich. Das ominöse Schreiben des falschen Freiherrn wurde in der Lokalpresse veröffentlicht und während der Stadtverordnetenversammlung am 15. März verlesen. Empörung in Görlitz! Petitionen wurden verfaßt, in denen von „verkalktem Gehirn" die Rede war und vom untauglichen Versuch, „am Rad der Geschichte zu drehen". „Wir haben nicht die Honecker-Clique samt seiner Stasi zum Teufel gejagt, um Mumien auferstehen zu lassen", hieß es voller Entrüstung. Der amtierende Oberbürgermeister Gerhard Eichberg schrieb dem „werten Herrn Freiherrn" mit „unfreundlichem Gruß" diese zornige Meinung seiner Mitbürger. Nur eine wunderte sich in Görlitz über den „primitiven" Inhalt des freiherrlichen Briefes: Hermine Lemper, die in ihrem Schreiben vom 18. März nicht anzugeben vergaß, daß sie adliger Herkunft sei. Leider besitze sie keinen „Gothaer" mehr, in dem sie „nachgucken kann, ob es Sie ueberhaupt gibt". Andere „Görlitzer Untertanen", die noch anonym bleiben wollten, boten Bornemann-Sobislaus satirisch Paroli. Sie errechneten, daß ein Sobislaus-Vorfahre vor Urzeiten beim Görlitzer Rat ein Darlehen aufgenommen habe, und diese Summe von 183,62 Millionen erst mit Zins und Zinseszins zurückzuzahlen sei, bevor der Freiherr aus Kiel in Görlitz seine Herrschaft antreten könne. Als die ganze Bornemann-Affäre publik wurde, schwiegen viele Görlitzer betreten. Viele lachten natürlich schadenfroh, das waren die, die ihre Meinung immer erst hinterher bilden und dann natürlich „alles gewußt haben". Lacht da jemand? Uwe Gerig

21 Krieg und Vertreibung

Mitte Januar 1945 geriet die Ostfront in Bewegung. Vom Oberkommando der Wehrmacht wurde mitgeteilt: „An der Weichselfront hat die lange erwartete Winteroffensive der Bolschewisten begonnen." Bereits am 26. Januar 1945 erreichten sowjetische Truppen Niederschlesien bei Steinau. Am 9. Februar waren sie in Liegnitz, der damaligen Hauptstadt des Regierungsbezirkes, zu dem auch Görlitz gehörte. Die Rote Armee rückte immer schneller voran, bewegte sich dann aber mit ihrer Hauptstoßrichtung nicht auf Görlitz zu, sondern etwa 15 Kilometer nördlich davon. Zwar gab es Tieffliegerangriffe, aber sie waren geringfügig, so daß man für Görlitz sagen kann, es überstand den Krieg, ohne bedeutende Beschädigungen erlitten zu haben. Nach der deutschen Rückeroberung von Lauban wurde das Ereignis von der Propaganda als „Beginn einer deutschen Gegenoffensive im Osten" hochgespielt. Goebbels kam nach Lauban und sprach davon, daß der Kampf gegen den Bolschewismus ein Kreuzzug sei. Wenige Tage später war er in Görlitz und betonte noch einmal den in naher Zukunft liegenden Beginn einer deutschen Gegenoffensive. Es war Goebbels letzter öffentlicher Auftritt. In seinem Tagebuch schrieb er: „...Die Stadt bietet einen merkwürdigen Anblick. Frauen gibt es kaum noch; sie sind mit ihren Kindern längst evakuiert. Görlitz ist eine Stadt der Männer geworden... Von Defätismus keine Spur. Das merke ich auch, als ich in der überfüllten Stadthalle vor Soldaten und Volkssturmmännern spreche. Ich finde hier ein Publikum, das für meine Darlegungen völlig aufgeschlossen ist... Ich fühle mich ganz glücklich und losgelöst... Immer wieder stelle ich fest, daß bei diesen Männern ein fester Glaube an den Sieg und an den Führer vorherrscht... Es sind schöne Stunden, die direkt erholsam wirken."

Der katholische Pfarrer der Bonifatiusgemeinde in der Oststadt, Franz Scholz, führte über die letzten Kriegsmonate bis in das Jahr 1946 ein Tagebuch, das als „Görlitzer Tagebuch" erschienen ist.

Unter dem 15. Februar 1945 notiert er: „... Das überfüllte Görlitz erwartet stündlich den Räumungsbefehl. Jeder weiß es, keiner weiß wohin. Die Straßen sind verstopft. Die Züge können nur einen kleinen Teil der Wartenden – fast ohne Gepäck – mitnehmen... Die Flucht führt höchstwahrscheinlich in den Tod." Unter diesen Flüchtlingen waren Görlitzer, die nahe der Stadt wohnten. Durch das Heranrücken der Front mußten sie ihre Wohnungen verlassen, kamen aber in Görlitz bei Verwandten unter. Gelegentlich konnten sie noch einmal zurückkehren. So gab es Familien, die nach der Evakuierung zu Fuß 15 und mehr Kilometer zurückgingen, um mit dem Leiterwagen dringend benötigte Habe zu holen. Da die Männer im Krieg waren, besorgten dies die Frauen allein.

Bald nach dieser Evakuierung gab es einen zweiten Schub von „Flüchtenden". Das war der Beginn der Aussiedlung der Deutschen aus den deutschen Ostgebieten. Am 5. Februar gab der Präsident des Ljubliner Komitees bekannt, daß er Polen, Schlesien und Ostpreußen in seine Verwaltung nehmen werde. Die Polen folgten der sowjetischen Armee, und die Inbesitznahme der Gebiete begann sofort. Die Verwaltung der deutschen Ostgebiete wurde am 14. März 1945 übernommen. Diese Gebiete gliederte man in Wojewodschaften und in Starosteien (Bezirke und Landratsämter). Die Lebensbedingungen in Görlitz wurden maßgeblich davon geprägt. Zwar lebten von ehemals 96 000 Einwohnern am 7. Mai 1945 nur noch 31 000 in beiden Teilen der Stadt. Im Juni waren es dann schon wieder fast 49 000, nun aber ohne die Oststadt. Die Flüchtlinge wurden nicht mitgezählt. In welcher Weise das Leben in der glücklich verschonten Stadt beeinflußt wurde, sollen Tagebuchaufzeichnungen und Erinnerungen Betroffener aus dieser Region deutlich machen.

Am 14. Juni 1945 schreibt eine Görlitzer Lehrerin, Frau O., deren Tagebücher nach ihrem Tod bei der Räumung ihrer Wohnung zufällig gefunden wurden: „Noch nicht lange zurück, wird unser Haus von Russen heimgesucht, die auf dem Durchmarsch sind. In unsere Wohnung kommen acht Mann und zwei Weiber. Zu M. ein Oberst mit Zubehör und zu K. ein Hauptmann, der Quartiermacher und Dolmetscher ist – sehr rigoros. Wenn der Schlüssel zu M's Wohnung in zehn Minuten nicht da ist, wird Haus in die Luft gesprengt. Man versucht, die Tür aufzuhacken und verschandelt sie entsetzlich. Bei uns beschlagnahmt man vier Zimmer, und wir dürfen in der Küche sitzen und haben nur noch eine Bettstelle (die Wohnung wurde von zwei älteren Damen und ihrem 90jährigen Vater bewohnt, St.W.). Als später ein Faß Wein gebracht wird, haben E. und ich berechtigte große Befürchtungen. Nachmittags sind die Herren im Theater, nachdem sie mit ihren Stiefeln in unseren Betten gelegen haben und abends geht es dann toll zu. Nachmittags hat ein ruhiger freundlicher Russe, Feldmesser, lange und oft bei uns gesessen, um deutsch zu lernen. Er legte sich gleich ein Vokabelheft an, zeigte Bild von Frau und Kind, und man konnte sich mit ihm unterhalten. Mit gutem Willen auf beiden Seiten ging's schon. Er brachte uns Wein und auf meine Bitte Brot... $^1/_2$ 11 ging es los, es wurde getobt, Möbel gerückt. Der Tumult steigerte sich so, daß man dachte, es wurde alles kurz und klein geschlagen. So ging es bis 1 Uhr... Schließlich wurde es für zwei Stunden ruhig, dann gegen drei waren die Soldaten wieder auf den Beinen." Am 20. Juni schreibt sie: „Eine neue Schreckensbotschaft: Penzig, Hennersdorf, Moys müssen für die Polen geräumt werden. Abends ziehen Ströme von diesen Unglücklichen durch die Stadt. Man ist bis ins Innerste aufgerüttelt." Am 21. Juni: „Die Oststadt muß geräumt werden... Grenzenloses Elend, das ins Herz schneidet. Alle müssen schnellstens (10 Min.) aus dem Hause, können nur wenig mitnehmen und werden dann noch geplündert. Es kommt die Nachricht aus dem Dienst, daß die größte Gefahr für uns abgebogen sei... Wann wird uns unser Schicksal erreichen? Schlesien, Pommern, Ost- und Westpreußen sollen polnisch werden."

Am gleichen Tag schreibt Franz Scholz in seinem Tagebuch, was sich seit dem Morgen in Görlitz-Ost ereignete. Die Menschen seien zu ihm in die Sakristei gekommen und würden ihm mitteilen, daß sie binnen zehn Minuten ihre Wohnung verlassen müßten. Er selbst habe bald sehen müssen, daß in unmittelbarer Nähe seiner Wohnung alles in Bewegung geraten sei. Kommandanten der polnischen Miliz würden die Bewohner auf die Straße holen, halb verschlafen und manchmal nur halb bekleidet. Keiner würde in seine Wohnung zurückgelassen, keine Mutter mit ihren Kindern, keine Alten, keine Kranken. Sie würden zusammengetrieben und umstellt. Ausnahmen gäbe es nur für die, welche einen Ausweis zum Bleiben besäßen. Franz Scholz berichtet, wie oft er es unternommen habe, bei den polnischen Behörden Aufenthaltsgenehmigungen zu bekommen. Das geschah keinesfalls auf der Grundlage irgendeiner Regelung oder Verordnung. Die Unterschriften für die Passierscheine erhielt der Pfarrer ganz willkürlich, je nach Laune des Starost. Die Aussiedlung erfolgte zunächst in dieser Weise ohne Beteiligung der Russen, die sich dieses Treiben als Unbeteiligte ansähen. Als man die Deutschen zusammengetrieben habe, brachte man sie zur Brücke und über die Neiße. Für viele sei das das Ende gewesen. Sie warteten vergeblich auf eine Rückkehr. Auf diese Weise kämen immer mehr in das ohnehin schon überfüllte und verhungerte Görlitz. Von mehreren Augenzeugen ist überliefert, daß die besondere Tragik dieser Tage darin gipfelte, daß genau zu der Zeit, als Tausende aus dem Osten getrieben wurden, von Westen die Kriegsflüchtlinge zurückkehrten, um wieder in ihre Heimat zu kommen. Richard Süssmuth, Besitzer einer Glashütte in Penzig, berichtet, daß er endlosen solcher Züge nach Osten Strebender in Dresden begegnet sei. In Görlitz traf alles aufeinander. Keiner wollte glauben, daß sich die Tore nach „drüben" nicht mehr öffnen würden. Eine neue Situation sei eingetreten, als die Russen der Zivilverwaltung die Angelegenheit aus der Hand nahmen und sie unter militärische Gewalt stellten. So endete die am 21. Juni begonnene Aktion für diejenigen, die einen Aufenthaltsschein besaßen damit, daß auch sie gehen mußten. Das Militär würde ihren Passierschein zerreißen und sie in kürzester Zeit in das typhusverseuchte Görlitz-West jagen. Auch wenn Beherzte auf Schleichwegen heimlich zurückkehren würden, um aus Kellern und Gärten Eßbares zu holen oder andere sich bisher zu verbergen vermochten, jetzt würden alle aufgegriffen. Die Not sei unübersehbar, weil sich diesen Menschenzügen andere aus den umliegenden Orten anschlössen: Hermsdorf,

Leopoldshain, Kuhna. Daß zu diesem Zeitpunkt die Ernährungslage in den beiden Teilen der Stadt sehr unterschiedlich war, weiß Franz Scholz auch mitzuteilen. Er berichtet, daß es mit Hilfe der Russen im Osten der Stadt möglich sei, wenigstens für die Kinder Milch und etwas Suppe zu beschaffen, während in der Weststadt dazu keine Möglichkeit da sei. Erst habe die SS das Vieh weggetrieben, anschließend das einmarschierende Militär. Es würde davon gesprochen, daß die Polen einen 25 Kilometer tiefen Korridor von Deutschen freiräumen wollten. Von polnischer Seite sei in dieser Zeit auch ein Gesetz erlassen worden, nachdem alle nicht Arbeitsfähigen, also Alte, Kranke und Frauen mit Kindern, deren Männer nicht heimgekehrt seien, das Land verlassen müßten, weil die Deutschen die polnische Nation zerstört hätten. Der Pfarrer schreibt, daß einigen allmählich klar würde, daß es sich hier nicht um ein besetztes Gebiet handeln würde, sondern um ein von Polen beanspruchtes. Wir erfahren aus dem Augenzeugenbericht weiter, daß die katastrophale Lage der Flüchtlinge die Gesundheit aller in der Stadt und im Umland lebenden Menschen gefährden würde. Deshalb habe man von russischer Seite zunehmend genauer auf die Bewegungen zwischen Ost und West über die Brücke hinweg geachtet.

Frau O. beschreibt am 18. Oktober die Situation im polnisch besetzten Gebiet um Görlitz: „Während der Mittagsruhe kommen Männer, die Nachricht von den G's bringen. Wir sind glücklich darüber, aber tief betrübt über ihr Ergehen. Sie haben alles verloren, sind von den Polen aus ihrer Wohnung getrieben worden und hausen in einem Mansardenstübchen in der Gartenstraße. W. fährt immer noch nach L. zu seiner Arbeitsstelle. Sie wollen solange als irgend möglich aushalten und wenns nicht mehr geht, zu uns kommen. Die Zustände im polnisch besetzten Gebiet sollen furchtbar sein! 1 Sloti – 2 M. Die Fahrt von Waldenburg nach Kohlfurt 110 Sloti. Dabei werden die Deutschen ausgeraubt und mißhandelt. Und unser schönes Schlesien in solchen Händen! Leider kein Bericht, ob W. irgendwelche Nachricht geschickt hat. Gott halte seine Hand über unsere Lieben. Ebenso schlechte Post von Frau M. Seit Tagen ein Pole im Haus, der Besitz ergriffen hat und M's sind die Geduldeten, müssen Miete zahlen und werden wohl verzweifeln, wenns so bleibt. Alle Schlüssel hat er abgezogen, lebt von ihren Vorräten und drangsaliert die Frauen. Wo soll das hin?"

Diese Flüchtlinge, wie sie von der Lehrerin und von Franz Scholz erwähnt werden, kommen zunehmend auch von weiter her nach Görlitz. Richard Süssmuth schreibt in seinen Erinnerungen: „...niedergeschlagene, halbverhungerte Menschen schleppten sich über die Straßen. Sie zogen auf Handkarren und schoben auf Kinderwagen armselige Gepäckstücke. Ich sah ein Fuhrwerk ohne Pferde, vor das sechs Kinder gespannt waren und an dem eine schwangere Frau schob. Ich sah Siebzigjährige, die sich mit einem Handwagen abquälten... Am furchtbarsten waren die Zustände am Neißeübergang zwischen Görlitz und Penzig bei den Orten Lissa und Zodel. Hier wurde den Flüchtlingen fast alles weggenommen. Die Pferdewagen mußten stehenbleiben, Wagen stand an Wagen, ein unübersehbarer Zug, kilometerlang. Die Ausgetriebenen und Ausgeplünderten kamen nach dem Westufer. Hier war es auch, wo bei fast allen Trecks die Mädchen zurückgehalten wurden. Aber ich sah ähnliche Bilder in Rothenburg und an dem Neißeübergang in Muskau..." Die Lehrerin schreibt am 25. Juni und am folgenden Tagen auf, woher die Flüchtlingszüge kamen: „Die Räumungen gehen weiter. Heut ist der Kreis Lauban dran. Wo sollen nur all die Menschen hin." 26. Juni: „Heut kommen die Flüchtlinge aus der Gegend von Greiffenberg." 4. Juli: „Unendliche Scharen von Flüchtlingen aus Waldenburg, Jauer, Liegnitz ziehen durch die Stadt." Und im folgenden Satz erhalten wir ein ungefähres Bild von der Situation in der Stadt selbst. Nahe der Neiße befindet sich noch heute eine gepflegte Parkanlage. Von ihr schreibt die Lehrerin: „Der Park sieht furchtbar aus, Bänke und Bäume werden verfeuert. Auf den Wiesen weiden Pferde und Kühe und alles wird zertrampelt." Ein parkähnlicher Platz, der Sechsstädteplatz, wurde zu einer Gartenkolonie gemacht, damit sich die Menschen ernähren konnten. Richard Süssmuth schreibt: „Die Einwohner von Görlitz sehen aus wie wandelnde Leichen. Wachsbleich, eingefallen und abgemagert zu Skeletten. Die Normalverpflegung von Görlitz zur Zeit meines Dortseins: pro Woche 250 g Brot, 50 g Fleisch, 3 Pfd. alte oder ein Pfd. neue Kartoffeln... Eine Aufnahme, die ich in der Nikolaikirche von Görlitz machte, zeigt 114 Särge, die Toten von zwei Tagen!" Süssmuth's Erlebnisse stammen aus der Zeit vor dem 20. August 1945. In einem Aufruf in Görlitz vom 7. Juni heißt es: „Bürger in Stadt und Land, macht euch sofort an die Arbeit, bestellt jedes Fleckchen Erde mit Gemüse und Kartoffeln! Noch ist es Zeit, um durch Selbsthilfe die drohende Ernährungskatastrophe zu mildern. Verliert keinen Tag." Dennoch gelang es nicht, die 49 000 Einwohner der Stadt und die zehntausende Flüchtlinge zu versorgen. Deshalb sah sich die Stadt- und Kreisverwaltung am 19. Juni veranlaßt, den Kreis Görlitz für Flüchtlinge zu sperren. In der Mitteilung heißt es, daß die Stadt und der

Kreis von über 60 000 Flüchtlingen überlaufen sei. Alle Flüchtlinge müssen sich nach Norden oder Westen wenden, da keine Möglichkeit besteht, sie jetzt über die Neiße zu bringen. Der Zuzug in den Görlitzer Kreis darf erst wieder aufgenommen werden, wenn die Grenze wieder geöffnet würde. Und dann auch nur, wenn eine entsprechende Anweisung des Görlitzer Oberbürgermeisters gegeben wird. Irgendwelche Lebensmittelvorräte für Flüchtlinge sind im Stadt- und Landkreis Görlitz nicht mehr vorhanden. Am 25. August gab es dann einen Befehl der Militärischen Administration:

„Auf Befehl der Militärischen Administration haben sich zur Zeit im Gebiet der Landesverwaltung Sachsen (seit dem 9. Juli 1945 war der Westteil Niederschlesiens durch den Befehl Nr. 5 der Sowjetischen Militäradministration in das Bundesland Sachsen einbezogen worden, St.W.) aufhaltende Flüchtlinge dieses Gebiet sofort zu verlassen und sich in die Auffanggebiete in Brandenburg, Thüringen und der Provinz Sachsen zu begeben. Für Flüchtlinge in Görlitz kommt der Raum um Frankfurt (Oder) in Frage."

Die Landesverwaltung Sachsen hat alle Landräte und Bürgermeister angewiesen, alle Mittel, nötigenfalls auch polizeiliche Maßnahmen, anzuwenden, um die Flüchtlinge aus Sachsen herauszuführen. Dies geschieht im Interesse der Flüchtlinge, da jetzt noch der Abmarsch ohne Gefahren für die Gesundheit erfolgen kann, während er in den Wintermonaten schwere Opfer fordern wird.

Alle von unverantwortlicher und böswilliger Seite verbreiteten Gerüchte, daß eine Rückkehr der Flüchtlinge nach der polnischen Seite und in die Tschechoslowakei möglich sei, werden hierdurch von der Landesverwaltung Sachsen ein für allemal als falsch erklärt. Es ist im

Gegenteil sicher, daß in Kürze weitere Ausweisungen aus den Gebieten erfolgen werden.

Und so kam es auch. Die bisherigen Ausweisungen waren Willkürmaßnahmen, denn erst am 20. Februar 1946 begann die international geregelte Aussiedlung der Deutschen aus Schlesien. Eine britische Kommission wurde nach Kohlfurt, das etwa 30 Kilometer von Görlitz entfernt liegt, geschickt, um dort für eine „reibungslose" Abwicklung der Aussiedlung zu sorgen. Ein ganzes Jahr wurden die Schlesier ohne Kontrolle, nach Gutdünken des einzelnen Verantwortlichen in Richtung Westen gebracht. Wer in Görlitz ankam, aber noch nicht weiter gegangen war, in der Hoffnung, doch noch zurück zu können, mußte nun den Weg nach Kohlfurt antreten.

Franz Scholz berichtete darüber: „Die in Görlitz lagernden Tausenden von Deutschen wanderten mit letzter Kraft nach Kohlfurt ab, um nach nochmaliger Plünderung in der Heide (ein Ortsgewaltiger hatte die Parole ausgegeben, daß kein Deutscher ungeplündert den Bahnhof Kohlfurt erreichen dürfe!) im rettenden Aussiedlungshafen Kohlfurt einzutreffen..." Das Durchsuchen der Städte und Dörfer begann von vorn. Wer bisher noch Hoffnung hatte, daß es eine Änderung geben könnte und sei es nur, sich als „Minderheit" zu halten, sah sie immer mehr zerrinnen. Nur die wenigsten konnten bleiben, die, die man dringend zur Arbeit brauchte. Güterzüge würden mit den Menschen beladen und man führe sie in Richtung Westen, in die englische Besatzungszone. Das sei das letzte Stück Hoffnung, das die Menschen mit auf den Weg nähmen. „In Görlitz-Ost wird es stiller...", berichtet Franz Scholz. Dennoch hielten sich hartnäckig immer wieder Gerüchte unter den Bewohnern der Stadt und den Flüchtlingen, mindestens bis zu diesem 20. Februar, daß Polen und auch die Russen zurückgehen werden. Im Tagebuch der Görlitzer Lehrerin sind wiederholt solche Gerüchte zu finden, in denen immer wieder die unterschiedlichsten Rückzugspunkte genannt werden. Das schaffte in der Stadt sicherlich immer wieder neue Unruhe, neue Hoffnung, neue Enttäuschung. Frau O. notiert am 23. Juni in ihrem Tagebuch: „Wir besprachen eine eventuelle Auswanderung."

Die Ankündigung der Stadtverwaltung, daß mit weiteren Ausweisungen zu rechnen sei, und der offensichtlich schleppende Abzug der Ausgewiesenen führte am 29. August 1945 dazu, daß Görlitz zum Notstandsgebiet erklärt wurde. Die Stadtverwaltung veröffentlichte am 30. August die Mitteilung an die Bevölkerung der Stadt, daß durch die Erklärung zum Notstandsgebiet „...beträchtliche Zusatzlieferungen an Getreide und Kartoffeln angewiesen und im Anrollen" seien. „Die Bevölkerung wird mit Brot und Kartoffelkarten voll beliefert..." werden. Der Notstand zeigte sich aber auch auf anderen Gebieten. In Görlitz war eine Typhusepidemie ausgebrochen, die 900 Menschen erfaßt hatte. Ärzte waren kaum in der Stadt. Dr. Hütter stellte sich der einziehenden sowjetischen Armee als Arzt zur Verfügung. Man übertrug ihm die Leitung der Inneren Abteilung des Stadtkrankenhauses, damit die Epidemie eingedämmt werden konnte. In einer Erinnerung hat er aufgeschrieben, daß für fünf Patienten eine Spritze zur Verfügung stand. Erst mit Hilfe der sowjetischen Armee konnten Medikamente herangeschafft und der Typhus wirkungsvoll bekämpft werden.

Im Angesicht solcher Not und solchen Elends ist es sicher schwer zu verstehen, wenn man im Tagebuch der Lehrerin am 20. Oktober liest: „...für's Theater zurechtgemacht... Die Aufführung „Sappho" ist sehr beachtenswert, und es ist erstaunlich, daß schon wieder so etwas möglich ist!" Am 31. März 1946 notierte sie: „Nachmittags im Konzert der Dresdner Philharmonie. Ein wunderbares Konzert. Reger. Ballettmusik; Mozart. Violinkonzert A-Dur; Brahms. Sinfonie Nr. 1." Gleich im nächsten Satz: „Ehe wir in die Stadthalle gehen, werden wir vor der Haustür von zwei Frauen angesprochen, die uns Kartoffeln und Saubohnen anbieten und Schuhe dafür haben möchten. Wir kehren noch mal um und machen das Tauschgeschäft."

Normalisierung des Lebens und größte Not sind dicht beieinander. Ungewöhnlich liest sich eine Mitteilung vom 1. Oktober 1945: „Da man Briefe und Karten nur noch lateinisch schreiben darf, will ich mich von jetzt ab umstellen." Und ebenso ungewöhnlich liest sich eine andere Mitteilung: „Später in der Stadt, um den vorher geschriebenen Brief an L. und den gestrigen an S. aufs Dolmetscheramt zu tragen zwecks Beförderung." Ein Kuriosum vermerkt sie am 14. Juli 1945: „Abends bekommen wir den Befehl, die Uhr nach Moskauer Zeit, also zwei Stunden, vorzustellen." Kein Kommentar dazu, nur die Bemerkung „das wird also eine kurze Nacht". Am 18. November 1945 wurde diese Entscheidung wieder rückgängig gemacht.

1946 erschien eine Broschüre über Görlitz, in der die Situation unmittelbar nach dem Krieg noch einmal in wenigen Worten zusammengefaßt wird: „Die heutige Lage der Stadt Görlitz wird vor allem durch zwei entscheidende Tatsachen beeinflußt: Görlitz ist einerseits Grenzstadt geworden und andererseits völlig unzerstört. Durch die Grenzfestsetzung, die zwar vom Stadtgebiet nur ein verhältnismäßig kleines Stück abtrennt, ging fast der gesamte Grundbesitz verloren und damit die gesunde finanzielle Grundlage. Außerdem fielen wichtige städtische Werke, u.a. das eigene Bergwerk in der Görlitzer Heide, für Energieversorgung aus, so daß hier neue Möglichkeiten gesucht werden mußten." Es wird berichtet, daß Zeitungen schrieben, Görlitz sei eine sterbende Stadt. Hunger, Krankheit und Selbstmorde brachten der Stadt soviel Tote wie noch nie. Aber das Leben in dieser Stadt ging weiter und in der Broschüre wird auch berichtet, welchen Schatz die Einwohner mit ihrer unzerstörten Stadt besaßen, und daß sie dieser glücklichen Fügung stets eingedenk sein und nicht nur die Nachteile der augenblicklichen Lage sehen sollten.

Daß die Stadt unzerstört blieb, scheint kein Zufall gewesen zu sein. Aus einem Bericht der Frau von Dr. Hütter war zu erfahren, daß es etwa ab Februar 1945 eine Widerstandsgruppe gab, deren wichtigstes Ziel es war, die Stadt um jeden Preis vor der Zerstörung zu retten. Erstaunlich, wer dieser Widerstandsgruppe angehörte: Dr. Hütter, der Verantwortliche der Görlitzer Polizei, Balzer, der stellvertretende Festungskommandant Esser, Stadtrat Kleinert und der vormalige Gewerkschaftssekretär Noack. Am 7. Mai veranlaßte Dr. Hütter, daß seine Frau eine weiße Fahne zum Fenster heraushängt, was so schnell von Mitbewohnern in den umliegenden Häusern nachgemacht wurde, daß diese Aktion nicht mehr aufgehalten werden konnte. Einer Verhaftung konnte er entgehen und sich so am 8. Mai als Arzt zur Verfügung stellen. Vielleicht erinnerte man sich am 17. Juni 1953 seiner Verdienste, als man ihn ohne sein Wissen bei einer Kundgebung auf dem Obermarkt zum neuen Oberbürgermeister der Stadt ausrief, was ihm lange Zeit Repressalien der Staatssicherheit einbrachte.

22 Leben mit der Grenze

Görlitz erhebt sich zu beiden Seiten der Neiße. Der Fluß durchschneidet ein sanftes Tal, und nur an wenigen Stellen wachsen Felsen heraus, die aber eingebunden sind in das Stadtbild. Gesäumt wird das Ufer von Gerberhäusern, einst auf beiden Seiten des Flusses, heute nur noch ein Stück auf deutscher Seite, unterhalb der Peterskirche. Flußaufwärts schließen sich nach einem unbebauten Stück kleine Betriebe an, so daß ein Flanieren entlang des Flusses nur an wenigen Stellen möglich ist. Erst hinter der Obermühle beginnt ein Stück malerischen Wegs, das sich kaum mehr als einen Kilometer bis zum Volksbad erstreckt.

Auch flußabwärts säumen kleine Betriebe das Ufer. Zwischen Obermühle und Viadukt hatte man früher eine Kahnstation eingerichtet, die sich großer Beliebtheit erfreute. Unmittelbar dahinter, an einer eisernen Fußgängerbrücke trennt eine Insel den Fluß von einem Seitenarm, der Weinlache. Auf dieser Insel stand ein Lokal, das zu Kaffee und Kuchen einlud. Am Abend saßen dort unter bunten Lichterketten die Ausflügler aus der Stadt. Ein Stück weiter, unterhalb der Brauerei, die sich als roter Backsteinbau aus dem tiefgrünen Weinberg erhebt, stand einst die Eiskellerbaude, eine Lokalität hinter der Weinlache, die den Görlitzern als Badeanstalt diente. Auf diesem Stück konnte man flanieren. Man konnte aber auch auf der anderen Seite des Flusses in die Milchkuranstalt einen Familienausflug unternehmen. Wer einen Garten am Viadukt hatte, genoß dort seine Freizeit.

Beiderseits der Neiße liegt ein schmaler, flacher Uferstreifen. Dahinter steigt das Terrain sanft an, wird leicht hügelig, bis es sich nach Osten und Norden wieder glättet, nach Süden und Westen aber allmählich zum Oberlausitzer Bergland ansteigt. An einem Bach, nahe dem Fluß, wurde das Dorf gegründet. Bald dehnte es sich zum Fluß hin aus. Die daraus entstandene Stadt liegt nun an diesem Fluß, als wäre sie aus ihm emporgewachsen. Steht man auf den Hügeln in der Oststadt oder kommt man die Straße zur Grenze herunter, so kann man sehen, wie die Stadt mit ihren Türmen den Fluß überragt und von einstigem Reichtum kündet. Und wenn man am Blockhaus auf der rechten Seite des Viadukts steht, auf der Friedenshöhe, dann kann man weit nach Schlesien und Böhmen sehen. Wenn man Glück hat, ist an manchen Tagen das Isergebirge und das Riesengebirge zum Greifen nahe. Tief unten schlängelt sich der Fluß durch das Tal. Blickt man über den Viadukt stadteinwärts, erhebt sich wie eine riesige Haube die patinagrüne Kuppel der Ruhmeshalle aus der weitläufigen Parklandschaft. Nicht weit daneben, wie eine Nadelspitze, der Turm der Bonifatiuskirche und dahinter die ehemaligen Kasernen der Oststadt. Seit einigen Jahren wird alles umstellt von hohen Betonklötzen, Wohnsilos, wie sie auch im Norden des deutschen Teiles der Stadt zu finden sind.

Görlitz, an einem Fluß gelegen, geteilt seit 1945. Die Neiße ist graubraun und fließt, tödlich getroffen von beiden Seiten, der Oder entgegen. Die Häuser in der Hotherstraße, unter der Peterskirche, hundert, zweihundert, dreihundert Jahre bewohnt, dem Hochwasser trotzend, stehen vielfach leer. Die Dächer sind löchrig, Dachstühle sind eingebrochen, der Putz bröckelt von den Wänden, die Scheiben dienen als Zielscheibe für Steinwürfe, Haustüren sind verbarrikadiert, damit niemand das einsturzgefährdete Haus betritt. Durch die Straße weht eine feuchte Luft. Ein Todeskampf, der durch die Stadt schlich, ihr Wunden riß, die zu heilen man endlich begonnen hat. Auch an den kleinen Betrieben am Ufer hat die Zeit ihre Spuren zu hinterlassen. Die Kahnstation ist nur noch in den Erzählungen der Alten da. Wir können nur noch gebrochene oder abgerutschte Stufen, schiefstehende Steine am einstigen Anlegesteg entdecken. Die Badeanstalt in der Weinlache existiert kaum noch in der Erinnerung. Die Böschungen sind verwachsen und brechen weg, der Fluß droht zu versanden, wo er früher die Obermühle, hochaufragend wie eine Wasserburg, umspülte. Grau wie eine Ruine fristet sie ihr Dasein und wartet auf ihren alten Besitzer, der ihr sicher ihre Schönheit zurückgäbe. Hinter dem Viadukt (in den letzten Kriegstagen zerstört und in den fünfziger Jahren wiederaufgebaut), stehen noch die alten Eisenträger der Fußgängerbrücke. Wüßte man nicht, daß es daneben auf der Insel ein Ausflugslokal gab, ginge man unachtsam an mannshohem Unkraut vorbei. Aus dem Flußarm steigt herber Geruch der Brauereiabwässer auf. Die Ausflugsinsel scheint sich mit der danebenliegenden Landzunge verbinden zu wollen. Versandender Fluß. Die Eiskellerbaude ist eine Ruine. Erst verfallen, dann halb abgetragen.

Ruinenlandschaft. Grenzland. Erinnerungen: Betonmasten mit den schwarzrotgoldenen oder weißroten Streifen waren zu sehen, dazwischen Schilder, die auf die Grenze wiesen, die das Fotografieren verboten. Um den Viadukt Zäune mit Stacheldraht. Sicherung gegen Sabotage. Und wer in der Dunkelheit diesen Weg entlangspazierte, lief Gefahr, von einem Grenzwächter angehalten, kontrolliert, peinlich befragt zu werden.

Am gegenüberliegenden Ufer, entlang den immer grauer gewordenen Häusern, entlang einer nicht minder verwilderten Uferböschung, patrouillierten polnische Soldaten. Außerhalb der Stadt standen hohe Wachtürme, von denen das Grenzland mit dem Fernglas abgesucht wurde. Das alles nannte man die Oder-Neiße-Friedensgrenze. Wer hat dort wen bewacht? Wie oft fragten wir uns das und wie oft mögen sich das auch die Polen gefragt haben.

Stadt am Fluß. Grenzland. Freundesland? Wir kannten uns nicht. Wir gingen entlang der Neiße spazieren, und die Polen gingen entlang der Neiße spazieren. Manchmal standen wir am Ufer. Manchmal winkten wir uns auch zu, riefen sogar etwas herüber oder hinüber. Aber Freunde? Nein, das waren wir nicht. Die Freundschaft stand nur in den Zeitungen oder wurde von den „Verantwortlichen" herbeigeredet, von ihnen begossen, wenn sie unter sich waren in Görlitz, in Zgorzelec, in Berlin, in Warschau. Zwischen uns lagen Welten. Die Alten hatten ihre Erinnerungen und wir Jüngeren wurden von den einen belogen, nicht durch falsches Zeugnis, nein, einfach nur durch Unterlassungen. Von den anderen, unseren Eltern und Großeltern, erfuhren wir die Unterlassungen. Das waren Erlebnisse von Betroffenen. Damit lebten wir. Viele zeigten uns, wo sie einst wohnten, wo sie ihre Geschäfte hatten, wo sie arbeiteten. Mit keinem konnte man offen darüber sprechen. Alle, die etwas hätten sagen müssen, schwiegen wie der Fluß. Nur immer ein Raunen und das Verbot an die Kinder, in der Schule den Mund zu halten. Wir wußten, daß wir täglich einander belogen, um unsere Sicherheit zu haben. Aber welche? Es gab sie nicht. Ängste gab es, Mißtrauen, und das war die Sicherheit derer, die uns verunsicherten.

Und die Grenze gab es, unser Fremdsein, unsere Fehlurteile, mit denen wir lebten, die uns prägten. Immer wieder neue Erlebnisse, die, wenn sie schon nicht betroffen machten, so doch mindestens Verwunderung auslösten. Noch heute muß man, wenn man mit der Eisenbahn nach Zittau fahren will, ein nicht unbeträchtliches Stück durch Polen fahren. Der alte Schienenstrang verläuft seit 1945 hinter Hagenwerder bis nach Hirschfelde auf polnischem Gebiet.

Dann endlich, 1971, war es soweit. Die Tore öffneten sich. Das geschah so lautlos und abrupt, wie die erneute Schließung 1981. Man ließ uns aufeinander los. Die einen gingen in eine terra incognita, die anderen kehrten in die Vergangenheit zurück. Selbst die Jüngeren wußten mehr von „drüben" als die Polen, die ja ebenso vertrieben waren, von „hüben".

Jahrzehnte lebten sie in einer Stadt, die keine mehr war, nur noch ein Rumpf einer einst reichen und kulturvollen Stadt, und sie sahen täglich das andere Görlitz, ohne es erleben zu können. Und dann kam eine Chance für uns alle. Sie wurde vertan. Nicht Freundschaften wurden gegründet, nicht Freunde wurden gesucht, nicht einmal gemeinsam zu leben wurde versucht.

Den Mangel versuchte man zu überlisten. Man schaute beim Nachbarn nach den Dingen, die man selbst nicht hatte und nahm sie mit. Da wir hüben und drüben den Mangel verwalteten, fand keiner irgendwann einmal Zeit, über die alte Feindschaft zu sprechen, um sie zu bewältigen. Und so gerieten wir wieder aneinander. Das geschah nicht laut. Es fraß still an uns. Die Hamsterkäufe der Polen ließen Ärger in uns aufkommen, der uns nicht mehr losließ. Daß sich Polen ebenso wie Deutsche schämten, ging unter in unüberhörbaren Beschuldigungen. Daß man miteinander auskommen konnte, zeigte die Zusammenarbeit. Man hätte auch zusammen leben können. Warum taten wir es nicht? Dafür gibt es gewiß viele Gründe. Niemand machte auch nur den Versuch, die jüngste Vergangenheit mit ihrem Unrecht auf beiden Seiten auch nur zu benennen, darüber nachzudenken, darüber miteinander ins Gespräch zu kommen. Ja, man sprach miteinander. Es waren ausgesuchte Leute, die einander begegneten, Verträge auf das Papier brachten. Aber was wirklich geschah, das konnte man leicht daran erkennen, daß die Gleichgültigkeit zwischen uns immer größer wurde, daß man immer mehr Abneigung füreinander empfand, daß man immer schlechter übereinander redete. Die Polen schauten über uns hinweg in Richtung Westen. Wir waren Kommunisten. Aber wir waren es doch ebenso und ebensowenig wie sie auch. Wir litten beide unter dieser Herrschaft und entdeckten dabei nicht, daß dies uns einander hätte näherbringen können. Wir verharrten auf beiden Seiten auf den Vorurteilen der Vergangenheit und konnten mit unserer Gegenwart nicht umgehen, weil sie uns aufgezwungen wurde und weil die Entmündigung bis zur Gefährdung des Lebens getrieben wurde. Also hielten wir still, bedachten das Naheliegendste, das wir mit eigenen Augen sehen konnten und was uns vertrauenswürdige Menschen erzählten.

Sympathie flackerte auf, von unserer Seite, als die Polen begannen, sich gegen das System zur Wehr zu setzen. Das war aber eine Sympathie der Selbstbetroffenen, nicht die der freundlichen Nachbarn. Als man dann die Grenze schloß, weil die Gefahr bestand, daß unser gedankliches Mittun irgendwann zur Tat werden könnte gegen unsere Diktatur, da war die Reaktion sehr zwiespältig. Viele machten ihrer Verärgerung Luft, daß sie nicht mehr auf die andere Seite durften, aber nicht, weil dadurch die Einkaufsmöglichkeiten verloren waren, sondern weil man Mut faßte, den Machthabern entgegenzutreten. Wir erlebten in der Stadt auf unsere Art das Eingemauertwerden eines Volkes. Aber wir waren auch froh, endlich Ruhe zu haben vor den Einkaufsheeren. Die Stadt lebte auf und was es gab, war wieder für uns da. Diese Freude währte nicht lange, da kamen Busse, vor allem vor Weihnachten, kaum zählbar, aus der Tschechoslowakei.

Einkaufstouristen überrannten die Stadt ebenso wie Deutsche am Wochenende Reichenberg, und es kam schon vor, daß man beschimpft wurde, wie wir sie auch beschimpften. Nein, Freundesländer waren wir nie. Es gab oben eine Kumpanei, unten bekamen wir uns gründlich satt. Unten haben wir selbst zu den vielen Scherben, die in der Vergangenheit gemacht worden sind, neue hinzugefügt. Die wirklichen freundschaftlichen Beziehungen waren selten.

Und dann kam der Zusammenbruch des Systems. Daß er einmal kommen mußte, war klar, daß er aber so schnell kam, das überraschte alle. Mit dem offenkundigen und instinktlosen Wahlbetrug im Mai 1989 war der Gipfel des Unrechtsberges erreicht. Offen kehrten Tausende dem System den Rücken. Das ist bemerkenswert: Es wurde nicht um Veränderung gerungen. Land und System waren zusammengefallen im Bewußtsein der vielen Flüchtlinge, und so kehrte man ihm angewidert den Rücken. Es gab ja noch ein anderes Deutschland. Das war es. Man mußte nicht unbedingt kämpfen, man nahm lieber das Risiko der Flucht auf sich. Wer da blieb, mußte sich die widerwärtigen Kampagnen in den Medien gefallen lassen über die sogenannten Verräter am „sozialistischen Vaterland". Aber das war erst der Anfang.

Im Herbst wurde Görlitz zu einem Fluchtpunkt, von dem man nach Polen gelangen konnte, nach Warschau in die deutsche Botschaft. Von überall reisten Leute an, um dieses Regime hinter sich zu lassen. Zwar ließ man alle in die Stadt hinein, aber die Ausgänge, vor allem nach Norden, entlang der Neiße, versperrte man. Jeder wurde kontrolliert. Willkür.

Viele durchwateten die Neiße im naßkalten Oktober, andere durchschwammen sie, wenn sie die Furt nicht gefunden hatten. Ertappte man sie, holte man sie aus dem Wasser, und es gab viele Gerüchte in der Stadt, was man mit ihnen machte. Keiner tat etwas, aber es wuchs in uns etwas, so daß die Stadt einem Pulverfaß glich. Was war aber mit denen, die durchkamen? Gerüchte besagten, daß einige zurückgeschickt wurden von polnischem Militär. Die Zahl derer, die in Warschau ankamen, war aber beträchtlich. Und sicher ist etwas anderes: dieses Land, das wir schneller verurteilen als beurteilen, war Rettung für viele, die im „realen Sozialismus" nicht mehr leben konnten oder nicht mehr leben wollten. Wäre das nicht auch eine Chance füreinander?

Dann endlich war es geschafft. Dann war alles überstanden. Die Grenzen waren wieder offen. Nachts traf man sich an den Schranken. Eine kleine Gruppe Deutsche und Polen, mit Blumen. Wir sind glücklich, dieses Trauma überwunden zu haben. Wir konnten neu anfangen. Aber wir fingen an, wie wir aufgehört hatten. Schlimmer noch. Das Blatt wendete sich nun. Der Einkaufstourismus aus Polen und der Tschechoslowakei, der uns früher fast erdrückte, blieb aus. Keiner hatte das Geld, um bei uns einzukaufen. Nun gingen wir nach Polen. An den Wochenenden in endlosen Scharen, zu Tausenden, nicht nur aus den neuen Bundesländern, nein aus ganz

Deutschland kam man. Umso erstaunlicher, daß es den Polen offensichtlich nicht schlecht gelang, dieses Heer zufrieden zu stellen. Alles bringen sie auf einen riesigen Markt am Rande der Oststadt und bieten es feil.

Es werden Dinge angeboten, die mit viel Fleiß hergestellt worden sind: Körbe, Schafwollkleidung, Drechslerarbeiten, alles, was die Landwirtschaft hergibt und Antiquitäten, die offensichtlich noch aus deutscher Zeit stammen, Liegengelassenes, Verlorenes, Geplündertes.

Nicht weit von Görlitz, in Bad Muskau, entstand inzwischen ein noch viel größerer Markt, der weit mehr Deutsche anzieht, als der Görlitzer. Aber die Stadt hat dabei keinen Gewinn. Es gibt nur Ärger. An ihm kann man unschwer erkennen, wie wenig wir wußten, was Demokratie heißt. Die Verbote und Beschränkungen der Vergangenheit sind wie ein altes Gewand von uns abgefallen, aber wir vermochten das neu angelegte nicht zu tragen.

Die gepflegten Parkanlagen in Görlitz entlang der Grenze wurden mit Autos vollgestellt. Auf den Wegen, auf den Rasenflächen, auf dem Spielplatz. Versuche, dem Einhalt zu gebieten, wurden pariert mit der Bissigkeit, die uns eigen ist, die unser Panzer war, um sich vor den schlimmsten Angriffen und Bedrängnissen in der Vergangenheit zu schützen. Wir taten jetzt etwas ganz einfaches, wir verwechselten Demokratie mit Anarchie. Und die Polen machten das auf ihre Art mit. Sie stahlen Autos und versuchten, sie auf abenteuerlichste Weise über die Brücke nach Polen zu bringen. Die Autowracks, die sie nicht los wurden im eigenen Land oder nicht hinüberbekamen nach Polen, stellten sie im Park ab oder am Fluß. Die Deutschen stellten ihre daneben.

Der Schwarzmarkt treibt seine Blüten. Jeder ist sich selbst der Nächste. Inzwischen haben einige Polen soviel Geld verdient, daß sie nun auch wieder hier einkaufen können, in einem Großmarkt nahe der Grenze. Ein Großmarkt, der seinen Namen hat – Polenmassa. Viele, die nach Osteuropa fahren, kommen durch Görlitz, und es kann schon passieren, daß die Autos Schlange stehen durch die ganze Stadt. Wenn die Wartezeit an der Grenze länger als zehn, zwölf oder mehr Stunden dauert, werden Hupkonzerte veranstaltet.

Wer immer dort steht, macht mit, tags, nachts, wann immer man den Frust nicht mehr zu ertragen vermag. Und dann haben wir Görlitzer wieder unseren Ärger, und es kann alles von vorn beginnen. Wer des Wartens müde ist, der versucht auszuscheren, fährt über die Parkwege oder über den Rasen und sieht zu, sich irgendwo weiter vorn dazwischen zu schmuggeln. Es kam vor, daß Deutsche gegen Polen vorgingen, ihnen das Auto demolierten, sie verletzten. Nicht oft geschah das. Aber es gehört zu unserem Leben an dieser Grenze. Und es gehört auch dazu, daß der Fluß kontrolliert wird, um die illegalen Grenzgänger einzufangen, sie zu sammeln, in ein Auto zu setzen und zurückzubringen.

Leben mit der Grenze. Es ist manchmal unerträglich, aber es ist nicht unmöglich, aus diesem Grenzland Freundesland zu machen. Es gibt gemeinsame Ausstellungen. Es gibt einen Verein, der sich erfolgreich um Zusammenarbeit bemüht. Es werden Sprachlehrer ausgetauscht. Es gibt eine Zusammenarbeit zwischen einem Gymnasium und der Bibliothek. Es gibt Bestrebungen zur Gründung eines Vereins zur Aufarbeitung der Vergangenheit. Gewiß gibt es Schwierigkeiten bei Gesprächen, aber wie kann es die nicht geben, wenn man so lange nicht miteinander gesprochen hat. Sie lassen sich nur überwinden, wenn man weiter miteinander im Gespräch bleibt, wenn man die Auswüchse, die sich hier in dieser Stadt manchmal zu bündeln scheinen, auf beiden Seiten, nicht zum Maßstab macht.

Leben mit der Grenze. Es ist gut möglich. Wenn wir es nur wollen. Was wir uns gegenseitig angetan haben, muß für immer Vergangenheit bleiben.

23 Ausflüge in die Umgebung

Der geologische Unterbau der Landschaft um Görlitz besteht zum großen Teil aus Granit, der bis an den sächsischen und böhmischen Sandstein heranreicht. Bedeutende Braunkohlenvorkommen wären der Landschaft durch ihren raubbauartigen Abbau zu DDR-Zeiten fast zum Verhängnis geworden. Typisch für die Gegend ist auch reger Vulkanismus, vor allem weiter im Böhmischen, wo er deutliche Spuren hinterließ. Dieser Vulkanismus schuf charakteristische Berge, die aus der sanft hügeligen Landschaft herausragen. Landeskrone, Jauernicker Berge, Rotstein, Kottmar, Löbauer Berge und Lausche sind einige solcher Erhebungen.

Görlitz liegt inmitten einer Hügellandschaft. Weitläufige Auen, häufig bestanden mit uralten Baumgruppen, wechseln mit sanft welligen Hängen. Im Norden geht diese Landschaft allmählich in die Teich- und Heidelandschaft über, im Süden und Westen in das Bergland. Dort stehen vor allem Mischwälder. Zum Norden hin stehen weitläufige Kiefernwälder, häufig von Birken gesäumt,und dazwischen liegen Fischteiche. Diese Landschaft grenzt unmittelbar an die Niederlausitz.

Viele Gegenden sind schon vor Jahren zu Naturschutzgebieten erklärt worden. Sie bieten der Fauna einigermaßen Sicherheit und der Flora einen Raum, der ihr in den landwirtschaftlichen Nutzgebieten zerstört worden ist.

Die Lausitz (von slawisch Lusiza – Sumpfland) war ursprünglich von Slawen besiedelt. In der heutigen Niederlausitz, dem eigentlichen Lausitzer Gebiet, wohnten die Lusizer. Die heutige Oberlausitz war von den Milzenern besiedelt. Die Trennung in Nieder- und Oberlausitz ist erst seit etwa 1500 üblich. Noch heute sind beide Gebiete auch von Slawen, den Sorben, besiedelt. Die Gegend ist zweisprachig: In der Niederlausitz neben deutsch niedersorbisch, in der Oberlausitz obersorbisch.

Nahe Görlitz, um die Landeskrone, siedelte ein slawischer Stamm, der sich Besunzane nannte. Vermutlich ist davon der heutige Ortsname „Biesnitz" entlehnt. Ebenso ist der Stadtname Görlitz slawischen Ursprungs: Gorelica von gerěti - brennen. Die Wiege der Stadt ist also offensichtlich eine alte slawische Brandstelle. Viele Ortsnamen in der Lausitz stammen aus dieser Zeit. Mit der deutschen Ostexpansion kamen deutsche Namen hinzu. Sicher ist, daß Ortsnamen mit der Endung „itz" slawischen Ursprungs sind.

Das Lausitzer Land und mit ihm Görlitz gehörte lange Zeit zu Böhmen, seit 1635 zu Sachsen, seit 1815 (sein östlicher Teil) zu Schlesien und seit 1945 bzw. 1990 wieder zu Sachsen.

Die Lage dieser Stadt ist so vorteilhaft, daß von hier aus Touren zu Fuß, mit dem Fahrrad, mit dem Auto oder mit öffentlichen Verkehrsmitteln in die Lausitz, nach Schlesien und nach Böhmen unternommen werden können. Die folgenden Orte befinden sich in einem Umkreis von zirka 50 bis 60 km. Größer sind die Entfernungen nur, wenn es sich um Ziele handelt, von denen der Verfasser glaubt, daß eine Fahrt dorthin besonders lohnenswert ist.

Republik Polen

Jagniątkow (Agnetendorf) Kreis Hirschberg. 1654 von böhmischen Protestanten gegründet. Haus „Wiesenstein", Wohnung des Dichters Gerhart Hauptmann (1862-1946). Ausmalung der Haushalle durch Johannes M. Avenarius.

Swieradow Zdroj (Bad Flinsberg), Kreis Löwenberg. Kur- und Badeort seit 1763, Quellen bekannt seit 400 Jahren, Heilquellen, Heilbäder. Vielfältige Wandermöglichkeiten in das Isergebirge.

Gory Kaczawskie (Bober-Katzbachgebirge). Schöne Wandermöglichkeiten nördlich von Hirschberg in abwechslungsreicher Landschaft mit Erhebungen bis zu 721 m Höhe.

Bierutovice (Brückenberg), Kreis Hirschberg. Kirche Wang (frühes 13. Jh.), eine Stabwerkkirche, im Jahre 1840 in Norwegen durch den Landschaftsmaler Dahl im Auftrag König Friedrich Wilhelm IV. erworben und hier errichtet.

Boleslawiec (Bunzlau). Ersterwähnung 1202. Stadtgründung kurz nach 1242. Kriegszerstörung 60 %. Erhalten bzw. erneuert: Stadtbefestigungsanlagen, Stadtpfarrkirche St. Mariae (1482-92 und 16. Jh.), Rathaus (1525-35) mit Umbauten 18. Jh. Für den schlesisch-böhmischen Kulturkreis typischer Markt mit z.T. giebelstelligen Bürgerhäusern, einer der ältesten und längsten Eisenbahnviadukte, führt über den Bober zur Verbindung nach

Kohlfurt (1844). Geburtsstadt von Martin Opitz (1597-1639), bedeutender Dichter. Keramikmuseum in der Mickiewicza, bekannte Töpferstadt. Bunzeltonzeug.

Jelenia Gora (Hirschberg). Ersterwähnung um 1281. Keine Kriegszerstörungen. Pfarrkirche St. Erasmus und Pankratius, gotische Hallenkirche (2. H. 14. Jh. und 15. Jh.). Gnadenkirche zum Kreuze Christi (1709-1718) nach dem Vorbild der Stockholmer Katharinenkirche errichtet. Den gesamten Markt umziehen Laubenhäuser. Barocke Gruftkapellen auf dem Friedhof von außergewöhnlicher Qualität. Geburtsstadt von Georg Heym (1887-1912), expressionistischer Dichter. Museum Okręgowe ul. Matejki 38 (ehem. Riesengebirgsmuseum), Muzeum Przyrondnicze ul. Wolności 268 (Naturwissenschaftliches Museum), Muzeum Karkonoskiego Parku Nardowege Sobieszów (Hermsdorf) ul. Chalubińskiego 23. Hirschberg ist ein Tor zum Riesengebirge.

Lubań (Lauban). Stadtgründung um 1220/30, Kriegszerstörungen 55 %, gehörte zum Sechsstädtebund, einst Grenze der Lausitz zu Schlesien. Erhalten bzw. erneuert: Teile der Stadtbefestigungsanlagen, Rathaus und Krämerturm (14. / 16. Jh.), einige Bürgerhäuser. Ausflüge in Richtung Leśna (Marklissa), Gryfóv (Greiffenberg), zur Queißtalsperre, zur Burg Czocha (Tzschocha) (19. Jh.), ins Vorgebirgsland des Isergebirges.

Lubomierz (Liebenthal). Kreis Löwenberg. Benediktinerinnenkloster (1278), barocker Neubau nach Brand (1730), Leinwandhaus (17. Jh.), Laubenhäuser am Markt. Von Liebenthal schöne Fahrt nach Naumburg/Queiß (Nowogrodziec) und Bunzlau.

Tschechoslowakei

Frydlant (Friedland) in Böhmen. Gotische Burg aus der zweiten Hälfte des 13. Jh., umgebaut in der ersten Hälfte des 16. Jh., 1598 wurde das Renaissanceschloß angebaut. Schloß des Albrecht von Waldstein (Wallenstein). Museum mit reichen Beständen.

Liberec (Reichenberg). Stadtgründung um 1300 auf einer Anhöhe über dem Neißetal. Ersterwähnung 1352. Kirche zum Heiligen Kreuz (1753-1756), Rathaus (2. H. 19. Jh.), schöne Bürgerhäuser, vornehmlich Ende 18. / Anfang 19. Jh.), Botanischer Garten (1869), Zoo als einer der ältesten zoologischen Gärten Europas. Nordböhmisches Museum in der Masarykstraße 11 mit interessanten Sammlungen aus der Region in einem schönen historischen Gebäude. Ausgangspunkt für Wanderungen in das Isergebirge. Aufstieg zum Jested (Jeschken), 1012 m hoch.

Deutschland

Bad Muskau (slaw.Mužakow). Ort eines Mužak – eines großen kräftigen Mannes. Ersterwähnung um 1249 als Muscowe, 1452 Stadt. Altes Schloß, 1361 genannt, ursprünglich eine mittelalterliche Wasserburg. Neues Schloß um 1525 errichtet, umgebaut 1863-1866, zerstört 1945. Bedeutender Landschaftsgarten 1811 begonnen durch H.v. Pückler (1870 beendet), seit 1945 geteilt durch die Grenze. Schloßgärtnerei kriegszerstört. Neuerrichtet mit Tropenhaus. Muskau war seit 1785 Standesherrschaft der Fürsten Pückler, seit 1881 waren die Grafen Arnim Besitzer. Heimatmuseum im Alten Schloß.

Stadt- und Neißelandschaft sind in die Parklandschaft einbezogen, vom Parkteil oberhalb der Stadt schöner Blick hinab auf die Schloßruine und den Park.

Bautzen (slaw. Budycha). Wahrscheinlich Name eines Milzener Fürsten, dessen Stammesburg so benannt wurde. Ersterwähnung 1002 als Budisin. Erster urkundlich erwähnter Ort der Oberlausitz. Neben Görlitz bedeutendste Stadt der Oberlausitz, gehörte zum Sechsstädtebund. Sehenswert: gut erhaltene Befestigungsanlage Ortenburg (1483-1486), St. Petri-Dom, spätgotische Hallenkirche (2. H. 15. Jh.), seit 1524 Simultankirche (kath. und evang.). Domstift aus dem Jahr 1507. Stadtmuseum am Kornmarkt. Schöne Spreepartie unterhalb der Friedensbrücke.

Chorneboh (slaw. Čorny bok). Schwarze Seite oder Flanke. Um 1571 noch Schleifberg, Erhebung im Oberlausitzer Bergland, 561 m hoch, Zweiglimmergranodiorit. Erster Aussichtsturm auf einem Oberlausitzer Berg. 1851/52 errichtet. Wandergebiet durch das Bergland. Fahrten durch die Orte mit Umgebindehäusern.

Großschönau. Schöne und ouwe (mittelhochdeutsch). Schön, hell und Land am Wasser. 1352 Magna Schonow. Ehemaliges Zentrum der Damastherstellung in der Oberlausitz (seit 1666). Kirche im sächsischen Barock (1705), gut erhaltene Weberhäuser, Umgebindehäuser. Damast- und Heimatmuseum im Kupferhaus mit interessanten Vorführungen am Webstuhl.

Herrnhut. Obhut des himmlischen Herrn. Gründung 1722 von böhmischen Glaubensflüchtlingen. Stadt der

Herrnhuter Brüdergemeine. Barocker Stadtkern. Friedhof der Brüdergemeine mit Grab für Nikolaus Ludwig Reichsgraf von Zinzendorf. Ab 1737 Bischof der Brüdergemeine. Museum für Völkerkunde mit reicher Sammlung, die von Missionaren der Brüdergemeine zusammengetragen wurde. Heimatmuseum in der Comeniusstraße.

Jauernick (slaw. Jawornik). Ahornwald. Ersterwähnung um 1223. Zentrum des kirchlichen Lebens in slawischer Zeit. Grundherrschaft des Klosters St. Marienthal. Ausgangspunkt der Christianisierung des Gebietes. Alte Wehranlage auf dem Kreuzberg. Wenzelkirche (ursprünglich wohl 11. Jh., heute spätgotisch). Schöne Wanderung vom Görlitzer Grenzübergang entlang der Neiße über die Landeskrone nach Jauernick.

Kamenz (slaw. kamjeń). Stein, kleiner Ort. Gründung um 1200, gehörte zum Sechsstädtebund. Marienkirche, gotische Hallenkirche (1429 bis um 1480), Franziskanerklosterkirche (15. / Anf. 16. Jh.). Geburtsstadt Gotthold Ephraim Lessings (1729-1781). Lessing-Museum (seit 1929). Museum der Westlausitz im Ponickau-Haus. Lohnenswerter Spaziergang zum Hutborg, 399 m hoch, als Parkanlage angelegt mit Rhododendron, Azaleen und verschiedenen Nadelgehölzen.

Kleinwelka (slaw. wjelk). Wolf, Gegend, in der Wölfe lebten. Ersterwähnung um 1280 als de Wolkowe. Großer Park mit vielen naturgetreuen Sauriernachbildungen.

Königshain. Möglicherweise Rodungsort im Hain des Königs von Böhmen. Ersterwähnung 1383 als Konigshain. „Steinstock" - mittelalterliche Anlage ehemals von einem Wassergraben umgeben. Altes Schloß (17. Jh.), Neues Schloß (1784/88), vornehme barocke Anlage mit kleinem Park. Dorfkirche im Kern romanisch, barock überbaut. Königshainer Berge. Berglandschaft mit einer Vielzahl von Wandermöglichkeiten, besonders interessant sind die mit Wasser gefüllten Granitbrüche, geologisch interessant ist der Teufelsstein, slawische Kultstätten auf dem Hochstein und dem Totenstein.

Kottmar (slaw. Chotĕmir). Personenname. Erwähnung als Kottmarsberg, Erhebung im Oberlausitzer Bergland, 583 m hoch, Phonolith auf Basalt. Eine von mehreren Spreequellen am Fuß des Berges. Wasserscheide zwischen Ostsee und Nordsee. Schönes Wandergebiet, vor allem für Vogelfreunde.

Löbau (slaw. L'ub, L'ubomir). Besitz eines L'ub. Als Stadt Ersterwähnung 1221, oppidum Lubaw. Gehörte zum Sechsstädtebund. Rathaus (nach 1711 unter Verwendung älterer Teile). Stadtmuseum in der Johannesstraße. Löbauer Berge, Erhebung im Oberlausitzer Hügelland. 447 und 449 m hoch, Basalt. Ältester gußeiserner Aussichtsturm Europas von 28 m Höhe, 1854 errichtet. Schöne Wandermöglichkeiten in Richtung des Rotsteins.

Neißetal. Landschaft zwischen St. Marienthal und Hirschfelde. Schöne Wanderung zu Fuß oder mit dem Fahrrad.

Neschwitz (slaw. Nesvaz). Ort eines Nesvad, d.h. Nichtschwager. Ein Ort, den Fremde bezogen. Ersterwähnung 1268 als Nyzwaz. Altes Schloß (1723), gut erhaltener französischer Park, westlich davon englischer Park. Kirche (Anfang 17. Jh.) Wiederaufbau nach Kriegszerstörung. Im Neschwitzer Schloß finden Schloßkonzerte statt.

Weißenberg. Benannt nach einer weißen Burg. Ersterwähnung 1228 als Wizenburg. Schönes Rathaus auf einem großen Marktplatz. Stadtmuseum „Alte Pfefferküchlerei".

Zittau (slaw. Žito). Getreide, Korn. Fläche, auf der Getreide wuchs. Ersterwähnung 1238 Sitauia (lat.). Stadtgründung wohl vor 1230. Gehörte zum Sechsstädtebund. Petri-Pauli-Kirche, zum Franziskanerkloster gehörend (1480, 1758). Johanneskirche, ursprünglich spätgotische Hallenkirche, im Jahre 1834 nach Plänen von K.F. Schinkel unter Verwendung alter Teile erneuert. Historischer Stadtkern mit Bürgerhäusern der Renaissance und des Barocks sowie weiteren Kirchen. Stadt- und Kreismuseum im Franziskanerkloster und im Heffterbau. Ausgangspunkt für Fahrten ins Zittauer Gebirge. Schöne Fahrt mit der Kleinbahn nach Oybin und Jonsdorf.

24 Görlitzer Chronik

1641	Das schwedisch besetzte Görlitz wird durch kurfürstliche und kaiserliche Truppen belagert
1642	Stadtbrand in Görlitz vernichtet 99 Häuser
1691	Stadtbrand in Görlitz vernichtet 191 Häuser
1707	Einführung der sächsischen Generalakzise
1717	Stadtbrand in Görlitz vernichtet 403 Häuser
1726	Stadtbrand in Görlitz vernichtet 164 Häuser
1727	Johann Gottlieb Milich aus Schweidnitz stiftet der Stadt seine Bibliothek
1757	Während des Gefechtes bei Görlitz-Moys fällt am 7. September General Hans von Winterfeld
1771	Benjamin August Struve verlegt die Ratsapotheke in das Haus Untermarkt 24
1779	Gründung der Oberlausitzischen Gesellschaft der Wissenschaften zu Görlitz
1787	Straßenlaternen werden in Görlitz eingeführt
1791	Görlitz zählt 7665 Einwohner
1799	Die erste Nummer des „Anzeigers" erscheint
1800	Görlitz zählt 8000 Einwohner
1815	Görlitz wird preußisch und Teil der Provinz Schlesien
1816	Görlitz zählt 9136 Einwohner
1823	Gründung der Naturforschenden Gesellschaft
1828	Christoph Lüders begründet seinen Betrieb am Obermarkt (später Görlitzer Waggonbau AG)
1829	Die Umgestaltung der alten Viehweide zum Stadtpark wird begonnen
1830	Die Oberlausitzer Provinzialsparkasse wird gegründet. Das 1. Schlesische Jägerbatailon Nr.5 wird von Hirschberg nach Görlitz verlegt.
1833	Die Steinsche Städteordnung von 1808 wird eingeführt. Gottlob Ludwig Demiani wird zum Bürgermeister gewählt.
1835	Verlegung des Hauptsteueramtes von Reichenbach nach Görlitz
1837	In der Tuchfabrik Bergmann und Krause nimmt die erste Dampfmaschine in Görlitz ihre Arbeit auf.
1844	1. Juni. König Friedrich Wilhelm IV. ernennt Demiani zum Oberbürgermeister. Das erste städtische Krankenhaus nimmt die Arbeit auf.
1845	Einführung der preußischen Gewerbeordnung
1847	22. Juni. Görlitz wird in die Reihe der großen preußischen Städte aufgenommen. 1. September. Görlitz erhält Anschluß an das preußische und sächsische Eisenbahnnetz. Bahnhof und Viadukt werden in Betrieb genommen.
1848	Große Teile der Stadtbefestigung werden abgebrochen
1849	Görlitz zählt 18 354 Einwohner

1850	Alle größeren Gassen werden in Straßen umbenannt. Das erste Adreßbuch erscheint
1851	Die städtische Sparkasse wird in der Pfandleihe eröffnet. Am 2. Oktober wird das Görlitzer Stadttheater mit Schillers „Don Carlos" einweiht.
1852	Robert Oettel gründet den Hühnerologischen Verein
1854	Einweihung des Hauses für die Landstände der preußischen Oberlausitz an der Promenade
1855	Schlosserei Carl Körner (später Maschinenbau AG) gegründet.
1860	26. Oktober. Museum der Naturforschenden Gesellschaft wird eröffnet
1864	Görlitz zählt 32 053 Einwohner
1865	Eröffnung der Schlesischen Gebirgsbahn
1867	Eröffnung der Berlin-Görlitzer Eisenbahn
1869	Die Aktienbrauerei wird gegründet
1871	Pockenepidemie in Görlitz
1872	1. Januar. In Görlitz wird mit dem Meter, Liter und Kilogramm eine neue Maß- und Gewichtsordnung eingeführt. Städtisches Museum für Altertum und Kunst gegründet.
1873	1.Oktober. Görlitz wird kreisfreie Stadt
1874	1. Juli. Vereinigung der Gemeinden Posottendorf und Leschwitz
1875	1. Januar. Aufhebung der Mahl- und Schlachtsteuer. Einführung der Klassen- und Einkommenssteuer. Einführung der Währung Mark und Pfennig. 1. Juli. Eröffung der Görlitz-Reichenberger Eisenbahnlinie
1878	Wasserwerk und Wasserleitung in Betrieb genommen. 3. Schlesisches Musikfest (1876 begründet) in Görlitz veranstaltet.
1880	Görlitz zählt 50 147 Einwohner
1882	25. Mai. Erste Pferdebahn in Görlitz
1885	Industrie- und Gewerbeausstellung auf dem späteren Dresdner Platz
1886	Örtlicher Fernsprechverkehr eröffnet
1887	13. August. Konsum-Verein gegründet. Das 1. Schlesische Jägerbatailon Nr.5 wird nach Hirschberg verlegt. In Görlitz zieht nach dem 1. (1871) auch das 3. Bataillon des 19. Infanterieregiments ein.
1888	Gründung der Gesellschaft für Anthropologie und Urgeschichte der Oberlausitz
1895	Görlitz zählt 70 173 Einwohner
1896	1. Juli. Das städtische Elektrizitätswerk nimmt seinen Betrieb auf
1897	Städtische Berufsfeuerwehr begründet. 1. Dezember. Erste Linie der elektrischen Straßenbahn eröffnet.

1902	11. November. Einweihung der Oberlausitzer Gedenkhalle
1905	31. Mai. Eröffnung der Kreisbahn nach Krischa (Buchholz)/ Tetta.
	Industrie- und Gewerbeausstellung auf dem Friedrichsplatz.
1907	Die Volksbücherei und Lesehalle an der Jochmannstraße wird eröffnet
1910	Elektrische Straßenbeleuchtung wird in Betrieb genommen. Eröffnung der Stadthalle als Stätte der Schlesischen Musikfeste. Görlitz zählt 85812 Einwohner.
1917	Bahnhofsneubau eingeweiht
1925	1. Juli. Eröffnung des Flugplatzes.
	1. Okt. Vorort Rauschwalde eingemeindet
1929	1. Juli. Vorort Moys eingemeindet
1930	5. Okt. Zeppelin-Landung auf dem Görlitzer Flughafen
1932	14. Okt. Kaisertrutz als Museum eröffnet
1934	Görlitz zählt 94 645 Einwohner
1936	Umbenennung der Gemeinde Posottendorf-Leschwitz in Weinhübel
1937	8. Juli. Görlitzer Sender nimmt den Betrieb auf
1942	Abbau der meisten bronzenen Denkmäler in der Stadt
1945	Sprengung der Neißebrücken, u.a. des Viaduktes.
	8. Mai. Die Sowjetarmee besetzt Görlitz.
	Der Ostteil der Stadt wird unter polnische Verwaltung gestellt und heißt nun Zgorzelec.
	9. Juli. Görlitz kommt an das Land Sachsen.
1946	31. Juli. Görlitz wird in die Reihe der Großstädte aufgenommen
1948	Industrie- und Gewerbeausstellung im Warenhaus Karstadt
1949	1. Januar. Weinhübel und Klingewalde eingemeindet. Görlitz zählt 101 742 Einwohner.
1950	6. Juli. Abkommen über die Oder-Neiße-Grenzlinie in Zgorzelec unterzeichnet.
1951	Die Volksmusikschule und das Museum Neißstraße 30 werden eröffnet
1952	23. Juli. Mit der Verwaltungsreform kommt Görlitz zum Bezirk Dresden. Vorort Biesnitz eingemeindet
1956	Beginn der Errichtung des Kraftwerkes in Hagenwerder südlich von Görlitz.
	Das Neubaugebiet Weinhübel wird errichtet.
1957	An der Zittauer Straße entsteht aus dem Park der Werktätigen der Tierpark.
	Erste Neubauten werden in Rauschwalde errichtet.
1958	Inbetriebnahme des ersten Blocks im Kraftwerk Hagenwerder (Baubeginn 1943)
1961	Der Meridianstein an der Stadthalle wird gesetzt
1968	Eröffnung der Volkssternwarte in Biesnitz
1971	900-Jahr-Feier der Stadt. Einrichtung des visafreien Verkehrs mit Polen

254

1975	Erste Neubauten in Rauschwalde entstehen
1976	Für das größte Naubaugebiet Königshufen wird der Grundstein gelegt.
1984	Görlitz wird Tagungsstätte für die UNO-Denkmalpflege-organisation ICOMOS.

1989   06.10.   Erstes Friedensgebet in der Görlitzer Frauenkirche.

29.10.   Der wachsende Druck der Öffentlichkeit läßt den Rat der Stadt eine erste öffentliche Fragestunde durchführen

03.11.   Nach dem 5. Friedensgebet fordern tausende Görlitzer den Rücktritt des Oberbürgermeisters Kurt Butziger.

12.11.   Seit der Verkündung der Reisefreiheit (9.11.) erhalten über 11 000 Bürger beim Volkspolizei-kreisamt ein Reisevisum in die Bundesrepublik.

14.11.   Außerordentliche Sitzung der Stadtverordneten-versammlung
– Abberufung des Oberbürgermeisters Kurt Butziger und Übernahme der Amtsgeschäfte durch Gerhard Eichberg

02.12.   Kundgebung des Neuen Forums auf dem Marien-platz mit über 5000 Menschen.

05.12.   Die Kreisdienststelle des Amtes für Nationale Sicherheit wird durch Anhänger des Neuen Forums besetzt und anschließend durch den Staatsanwalt versiegelt

11.12.   Eine Delegation der Stadt Wiesbaden unter Leitung des Oberbürgermeisters Achim Exner trifft in Görlitz ein.

13.12.   Der Vertrag über die Städtepartnerschaft. Wiesbaden und Görlitz wird paraphiert.

20.12.   Die Stadt Wiesbaden stellt Görlitz eine Soforthilfe in Höhe von 1,3 Millionen DM zur Verfügung.

21.12.   Die Görlitzer Stadtverordnetenversammlung stimmt dem Partnerschaftsvertrag mit Wiesbaden zu.

1990   02.01.   Der „Aktionskreis zur Rettung der Stadt Görlitz" wird begründet.

04.01.   Der erste „Runde Tisch" findet in Görlitz statt.

08.01.   Das „Neue Forum Görlitz" fordert vom amtierenden Oberbürgermeister in einem Schreiben einen Abrißstop für die Görlitzer Altstadt.

15.01.   Die „Medizinhilfe Görlitz" wird durch Wiesbadener Ärzte begründet.

03.02.   Erste Großlieferung von medizinischen Gütern von der „Medizinhilfe Görlitz" aus Wiesbaden trifft ein.

06.02.	An der Unterschriftenaktion „Für Görlitz" beteiligen sich 19 394 Görlitzer Bürger.
14.02.	Der Görlitzer Kreisverband der Deutschen Sozialen Union (DSU) wird gegründet.
27.02.	Die Stadtverordnetenversammlung berät über Straßenumbenennungen.
28.02.	Die Grüne Partei gründet sich in Görlitz.
01.03.	Die „Unabhänige Initiativgruppe Niederschlesien" konstituiert sich in Görlitz.
02.03.	Die „Grüne Liga" wird gegründet.
09.03.	Die erste Ausgabe des „Neuen Görlitzer Anzeigers" erscheint.
18.03.	Volkskammerwahl – Die Wahlbeteiligung in Görlitz liegt bei 90,68 %. Die CDU erhält 32,7%, die DSU 25 %, die PDS 14,9, die SPD 12,7, die FDP 5,2 aller Stimmen.
07.04.	Das Kuratorium „ Schlesische Lausitz" wird in Görlitz gegründet.
18.04.	Die Barmer Ersatzkasse eröffnet in ihrer Heimatstadt Görlitz eine Geschäftsstelle.
06.05.	Kommunalwahlen. Die CDU erhält 36,85 %, die SPD 17,02 %, die DSU 14,63 % die PDS 12,19 % und das Neue Forum 6,62 % aller Stimmen.

25 Literatur und Quellenangaben

Bednarek, Andreas: Die städtebauliche Entwicklung von Görlitz im 19. Jahrhundert. Schriftenreihe des Ratsarchives Görlitz. Band 15. – Görlitz, 1991.

Die Landeskrone. – Herausgeg. von W. Dunger. – Görlitz, 1984.

Die Oberlausitz und ihre Gesellschaft der Wissenschaften zu Görlitz. Schriftenreihe des Ratsarchives Görlitz. Band 11/2. – Görlitz, 1982. Die wichtigsten Ereignisse aus der Geschichte von Görlitz: Görlitz, o.J. @CHRONIK = Feyerabend, Ludwig: Alt-Görlitz, einst und jetzt. – Görlitz, 1927/28.

Görlitz. Monographien deutscher Städte. Bd. 13. – Berlin, 1925.

Görlitzer Magazin. – Görlitz, 1987 – 1991.

Jacob, Frank-Dittrich: Die Görlitzer bürgerliche Hausanlage der Spätgotik und Frührenaissance. Schriftenreihe des Ratsarchives Görlitz. Band 6. – Görlitz, 1972.

Jecht, Richard: Die wirtschaftlichen Verhältnisse der Stadt im ersten Drittel des 19. Jahrhunderts. – Görlitz, 1916.

Ders.: Geschichte der Stadt Görlitz, Bd.I, 1. Halbband. Geschichte der Stadt Görlitz im Mittelalter. – Görlitz, 1922 – 1926.

Ders.: Geschichte der Stadt Görlitz, Bd.I , 2. Halbband. Topographie der Stadt Görlitz. – Görlitz 1927 – 1934.

Ders.: Görlitz in der Franzosenzeit 1806 – 1815. – Görlitz, 1934.

Ders.: Kriegs- und Feuersnot und ihre Folgen für die Görlitzer Bauten. – Görlitz, 1917.

Kretzschmar, Ernst: Allerlei aus Alt Görlitz. – Görlitz, 1988 Ders.: Görlitz als Zentrum der preußischen Oberlausitz auf Ansichtskarten um 1900. – Horb am Neckar, 1991.

Ders.: Geschichten aus Alt Görlitz. – Görlitz, 1983.

Ders.: Görlitz im antifaschistisch-demokratischen Neuaufbau. Schriftenreihe der Städtischen Kunstsammlungen Görlitz NF 17. – Görlitz, 1981.

Ders.: Görlitz als kursächsische Provinzstadt. Schriftenreihe der Städtischen Kunstsammlungen Görlitz NF 21. – Görlitz, 1990.

Ders.: Görlitz in den zwanziger Jahren. Schriftenreihe der Städtischen Kunstsammlungen Görlitz NF 16. – Görlitz, 1980.

Ders.: Görlitz um die Jahrhundertwende. Schriftenreihe der Städtischen Kunstsammlungen Görlitz NF 14. – Görlitz, 1978.

Ders.: Görlitz unter dem Hakenkreuz. Schriftenreihe der Städtischen Kunstsammlungen Görlitz NF 18. – Görlitz, 1982.

Ders.: Görlitz zwischen Biedermeier und Märzrevolution. Schriftenreihe der Städtischen Kunstsammlungen Görlitz NF 19. – Görlitz, 1984.

Kwiecinski, Max: Das Wichtigste aus der Geschichte von Görlitz. – Görlitz, 1902.

Lemper, Ernst-Heinz: Die Peterskirche zu Görlitz. – München,1992.

Ders.: Görlitz. – Dresden, 1959. Ders.: Görlitz. – Leipzig, 1987.

Ders.: Historische Stadtansichten von Görlitz. Schriftenreihe der Städtischen Kunstsammlungen Görlitz NF 8. – Görlitz, 1959.

Ders.: Das Haus Neißstraße 30. Schriftenreihe der Städtischen Kunstsammlungen Görlitz NF 15. – Görlitz, 1979.

Neues Lausitzisches Magazin. Herausgegeben von der Oberlausitzischen Gesellschaft der Wissenschaften. – Görlitz, 1822 – 1941.

26 Adressen und Informationen

Allgemeine Informationen über die Stadt Görlitz

Geographische Lage:	Nördliche Breite	51° 09′	
	Östliche Länge	15° 00′	
Höhenunterschiede:	Landeskrone	420 Meter über NN	
	Neiße	185 Meter über NN	

Verkehrsanschlüsse:

– Straße:	B 6 (nach Westen)	Löbau	25 km
		Bautzen	45 km
		Dresden	100 km
	B 115 (nach Süden)	Zittau	35 km
	(nach Norden)	Niesky	25 km
		Bad Muskau	50 km
		Cottbus	100 km
	E 40 (Grenzübergang zur Republik Polen)		
		Lauban	25 km
		Bunzlau	45 km
		Breslau	160 km
– Eisenbahn	Löbau-Bautzen-Dresden	ca. 100 min.	
	Zittau	ca. 15 min.	
	Cottbus-Berlin	ca. 180 min.	
	Breslau	ca. 180 min.	
	Königshain	ca. 30 min.	

– Flugplätze

Görlitz (für einmotorige Maschinen und Hubschrauber)
Rothenburg-Oberlausitz (für Privatmaschinen)
Dresden-Klotzsche (öffentlicher Flugverkehr)

Einwohnerzahl (Stand 31.12.1991)		
	Gesamt	71 086
	davon weiblich	38 156
	männlich	32 930
Gesamtstadtfläche		25,85 km^2
davon landwirtschaftliche Nutzfläche		10,60 km^2
Wasserfläche		0,36 km^2
Forsten u. Holzungen		1,27 km^2
sonstige Flächen		13,25 km^2
Wohnungsbestand (Stand 31. 12.1991)		36 196
Straßennetz		150,9 km

Landkreis Görlitz

2 Städte und 30 Gemeinden
Einwohnerzahl (Stand 30.11.1990)

	Gesamt	27 628
	davon weiblich	14 325
	männlich	13 303
Gesamtfläche		359,2 km^2
davon landwirtschaftliche Nutzfläche		27030 ha
Wald		1200 ha
Wasserflächen		290 ha
Ausdehnung Ost-West		25 km
Ausdehnung Nord-Süd		30 km

Höhenunterschiede
Höchster Punkt Rotstein   455 Meter ü. NN

Tiefster Punkt Tagebau Berzdorf   70 Meter ü. NN

Naturschutzgebiete
Hochstein in den Königshainer Bergen   69 ha
Rotstein   77 ha
Landeskrone   62 ha

Landschaftsschutzgebiete
Neißetal / Klosterwald   347 ha im Landkreis Görlitz
Königshainer Berge   2620 ha im Landkreis Görlitz

Fremdenverkehrsbüro – Görlitz-Information – Obermarkt 29
Verkauf und Service, Stadtführungen
Öffnungszeiten: Montag bis Freitag   09.00 – 17.00 Uhr
Sonnabend   09.00 – 12.00 Uhr
Telefon 2 22 32 oder 53 91, Fax 53 92

Musiktheater der Stadt Görlitz – Demianiplatz 2
Besucher-Center, Görlitz, Steinstraße 11
Öffnungszeiten:Dienstag – Freitag   09.00 – 12.30 und
                                           15.00 – 17.00 Uhr
Telefon 6 72 85

Stadthalle Görlitz – Niederschlesisches Kultur-, Kongreß- und Messezentrum – Am Stadtpark 1
Telefon 59 01 oder 2 44 60, Fax 50 86

Städtische Kunstsammlungen Görlitz – Demianiplatz 1 –
Direktion Tel. 6 73 51, Fax 6 74 10

Oberlausitzische Bibliothek der Wissenschaften Telefon 6 73 50,
Öffentlichkeitsarbeit Telefon 6 74 17

Ausstellungen

Kaisertrutz und Reichenbacher Turm – Demianiplatz 1

Öffnungszeiten:	Dienstag / Mittwoch	10.00 – 13.00 Uhr
		14.00 – 18.00 Uhr
	Donnerstag – Sonntag	10.00 – 13.00 Uhr
		14.00 – 16.00 Uhr

November bis April geschlossen.

Barockhaus Neißstraße 30

Öffnungszeiten:	Dienstag / Mittwoch	10.00 – 13.00 Uhr
		14.00 – 18.00 Uhr
	Donnerstag – Sonntag	10.00 – 13.00 Uhr
		14.00 – 16.00 Uhr

Mai bis Oktober auch Sonntag geschlossen.

Oberlausitzische Bibliothek der Wissenschaften
Barockhaus Neißstraße 30

Öffnungszeiten:	Dienstag / Mittwoch	10.00 – 13.00 Uhr
		14.00 – 18.00 Uhr
	Donnerstag	10.00 – 13.00 Uhr
		14.00 – 16.00 Uhr

Museum für Naturkunde – Forschungsstelle Görlitz
Am Museum 1 – Direktion Tel. 2 44 44

Öffnungszeiten :	Dienstag bis Freitag	09.00 – 12.00 Uhr
		13.00 – 16.00 Uhr
	Sonntag	10.00 – 12.00 Uhr
		13.00 – 16.00 Uhr

April bis Oktober bis 17.00 Uhr

Schlesisch-Oberlausitzer Dorfmuseum – Markersdorf Nr. 4
Direktion   Telefon Gersdorf 2 29

Öffnungszeiten: Mai bis Oktober

| Mittwoch bis Freitag | 13.00 – 17.00 Uhr |
| Sonnabend / Sonntag | 10.00 – 17.00 Uhr |

Öffnungszeiten: November bis April

| Mittwoch bis Sonntag | 13.00 – 16.00 Uhr |

Tierpark – Zittauer Straße 43
Direktion Telefon 54 00

Öffnungszeiten: 01.04. – 30.09.   08.00 – 18.00 Uhr
                         01.10. – 30.03.   09.00 –
                                                  Anbruch der Dunkelheit

Scultetus-Sternwarte – An der Sternwarte 1

Direktion 7 82 22

Öffnungszeiten (witterungsabhänig):

                         Sonnabend 17.00 Uhr Familiennachmittag
                         19.00 Uhr öffentl. Beobachtung

Oldtimer-Parkeisenbahn – An der Landskronbrauerei

Direktion   Telefon 2 37 30

    Fahrbetrieb: April, Mai, Juni, September, Oktober

                         Montag – Donnerstag   13.00 – 17.00 Uhr
                         Sonnabend – Sonntag   10.00 – 18.00 Uhr

                         Juli – August
                         Sonnabend – Donnerstag 10.00 – 18.00 Uhr

Stadtbibliothek – Jochmannstraße 2/3

Direktion Tel. 6 72 56

    Öffnungszeiten: Montag   14.00 – 18.00 Uhr
                         Dienstag – Freitag   10.00 – 13.00 Uhr
                                                  14.00 – 18.00 Uhr
                         Sonnabend   09.00 – 12.00 Uhr

Stadtarchiv – Untermarkt 8

Amtsleiter Tel. 6 72 58

Öffnungszeiten: Montag u. Donnerstag   09.00 – 12.00 Uhr
                                                  13.00 – 16.00 Uhr
                         Dienstag   09.00 – 12.00 Uhr
                                                  13.00 – 18.00 Uhr
                         Freitag   09.00 – 12.00 Uhr

Kirchen – Gottesdienste

Evangelische Kirchen

Pfarrkirche St. Peter und Paul, Bei der Peterskirche
    Pfarramt: Bei der Peterskirche 9, Telefon 52 24

Dreifaltigkeitskirche, Obermarkt 1
    Pfarramt: Langenstraße 36, Telefon 2 48 98

Frauenkirche, An der Frauenkirche
    (im Winterhalbjahr Jakobstraße 24)
    Pfarramt: Augustastraße 30, Telefon 2 19 10

Lutherkirche, Jochmannstraße
    (im Winterhalbjahr Bautzener Straße 38)
    Pfarramt: Jochmannstraße 4, Telefon 2 18 25

Kreuzkirche, Arndtstraße
    Pfarramt: Erich-Mühsam-Straße 1, Telefon 2 16 91

Christuskirche, Görlitz-Rauschwalde, Diesterwegplatz
    Pfarramt: Paul-Taubadel-Straße 5, Telefon 7 86 68

Auferstehungskirche, Görlitz-Weinhübel, Seidenberger Straße
    Pfarramt: Kirchstraße 1, Telefon 8 34 03

Gemeinde Königshufen (Kath. Kapelle Heilige-Grab-Straße 46a)
    Pfarramt: Schlesische Straße 26, Telefon 6 45 06

Ev.-Reformierte Gemeinde, Kapelle und Pfarramt: Blumenstraße 58,
    Telefon 2 30 88

Landeskirchliche Gemeinschaft, Gartenstraße 7

Freikirchen

Ev.-Freikirchliche Gemeinde, Bismarckstraße 15, Telefon 2 49 05,
    jeden Sonntag, 9.30 Uhr

Ev.-Methodistische Gemeinde, Blumenstraße 7, Telefon 2 43 09
    Sonntag 10.00 Uhr oder 19.00 Uhr im Wechsel (Sommer), 10.00 Uhr
    oder 17.00 Uhr im Wechsel (Winter)

Heilig-Geist-Kirche (selbständige Ev. -Luth. Kirche) Zittauer Straße 1
    Pfarramt: C.-v.-Ossietzky-Straße 36, Telefon 2 46 78,
    jeden Sonntag, 9.45 Uhr

Römisch Katholische Kirchen

Pro-Kathedrale St. Jakobus, An der Jakobuskirche 1
    Pfarrhaus: An der Jakobuskirche 4, Telefon 2 46 00
    Samstag: 18.00 Uhr, Sonntag: 8.30 / 10.00 / 17.00 Uhr (Winter),
    18.00 Uhr (Sommer) werktags: 8.00 Uhr / 18.30 Uhr

Pfarrei Heilig-Kreuz, Kirche und Pfarrhaus: Struvestraße 19,
    Telefon 2 45 30
    Samstag: 18.00 Uhr (Kapelle Hl.-Grab-Straße 46 a), Sonntag 8.00 /
    9.45 / 19.00 Uhr, werktags: 8.00 Uhr, Donnerstag: 18.30 Uhr

Pfarrkuratie St. Hedwig, Kirche und Pfarrhaus: Görlitz-Rauschwalde,
Carolusstraße 51, Telefon 7 82 15
Sonntag: 7.30 / 9.30 Uhr, werktags: Montag, Dienstag, Donnerstag
8.00 Uhr, Mittwoch, Freitag 18.30 Uhr

Pfarrkuratie St. Johannes und Franziskus, Kirche und Franziskaner-
kloster
Görlitz-Weinhübel, Friedrich-Engels-Straße 1 a, Telefon 8 32 71
Sonntag: 9.00 Uhr, werktags: 7.30 Uhr (außer Montag: 18.30 Uhr),
Dienstag: 8.00 Uhr, Donnerstag: 18.30 Uhr)

Geöffnete Kirchen

Pfarrkirche Peter und Paul
im Sommerhalbjahr geöffnet von 10.00 – 12.00 Uhr,
14.00 – 16.00 Uhr. Führungen sowie Besichtigungen im Winter nach
Absprache im Pfarramt.

Dreifaltigkeitskirche
Kirche und Kirchencafé geöffnet von Mai bis Oktober, 14.00 – 18.00
Uhr. Kirchenführungen während der Öffnungszeiten möglich,
im Winter nach Absprache im Pfarramt.

Frauenkirche
Mai bis September geöffnet von 14.00 – 16.30 Uhr
Führungen nach Absprache im Pfarramt.

Heiliges Grab
· außer Montag täglich von 12.00 – 14.00 Uhr. Führungen nach
Absprache im Pfarramt, Langenstraße 36, Telefon 2 48 98.

Freibäder

Volksbad – Am Weinberg	Tel. 57 49
Helenenbad – Siebenbörner	Tel. 2 43 22
Ludwigsdorf	Tel. 5749
Hagenwerder	Tel. 2 98
Reichenbach	Tel. 3 02

Hallenbäder

Freisebad – Dr.-Kahlbaum-Allee	Tel. 50 24
Schwimmhalle Fichtestraße	Tel. 2 44 87

Tennisplätze

Frauenburgstraße 34a	Tel. 2 31 25

Vereine in Görlitz (Auswahl)

Aktionskreis zur Rettung der Stadt Görlitz e.V.
O-8900 Görlitz, Obermarkt 17

Europäisches Bildungs- und Informationszentrum e. V.
O-8900 Görlitz, Peterstraße 8, Tel. 6 74 00

Frauenzentrum e.V. O-8900 Görlitz – Schulstraße 8 , Tel. 2 42 26

Fremdenverkehrsverein Görlitz e.V.
O-8900 Görlitz, Peterstraße 3, Tel. 2 48 15

Görlitzer Heimatforscher e.V. O-8900 Görlitz, Langenstraße 41

Görlitzer Zupforchester 1918 e. V. Siegfried Runge,
O-8900 Görlitz, Parsevalstraße 22b , Tel. 2 10 33

Kuratorium Schlesische Lausitz, Sitz Görlitz
O-8900 Görlitz, Demianiplatz 26, Tel. 2 45 29

Naturforschende Gesellschaft zu Görlitz e.V.
O-8900 Görlitz, Am Museum 1, Tel. 2 44 44

Oberlausitzer Kunstverein e. V., Stefan Waldau,
O-8900 Görlitz, Louis-Braille-Straße 4,

Oberlausitzische Gesellschaft der Wissenschaften e.V.,
Prof. Dr. Ernst-Heinz Lemper, O-8900 Görlitz, Mühlweg 7, Tel. 55 48

Reitverein "Landskron" e.V.
O-8902 Görlitz, Zittauer Straße 166, Tel. 8 30 04

Rotary Club Görlitz über Karstadt
O-8900 Görlitz, An der Frauenkirche 5/7, Tel. 2 92 05

Unabhängige Initiativgruppe Niederschlesien e.V.
O-8900 Görlitz, Demianiplatz 26, Tel. 2 45 29

Verein der Freunde und Förderer des humanistischen Gymnasiums
Görlitz e.V. O-8900 Görlitz, Klosterplatz, Tel. 6 73 94

Via Regia – Begegnungszentrum e.V. O-8900 Görlitz, Obermarkt 17

27 Personenregister

Die Grüne Reihe

Im vereinten Deutschland müssen wir alle voneinander lernen. Lernen beginnt mit Kennenlernen. Der Ruth Gerig Verlag will seinen Teil dazu beitragen. Die Bücher der Grünen Reihe sollen in den neuen deutschen Bundesländern die alte Tradition des Heimatbuches wieder begründen. Städte und Landschaften werden facettenhaft vorgestellt und von lokalen Autoren kenntnisreich beschrieben. Sagen, historische Begebenheiten und eine genaue Chronik der Ereignisse nach der „Wende" machen die Heimatbücher zu interessanten Nachschlagewerken. Wer das geeinte Vaterland entdecken will, findet in den Büchern der Grünen Reihe einen praktischen, amüsanten, kurzweiligen Begleiter.

Bisher sind folgende Titel erschienen: Wernigerode, Blankenburg/Harz, Brocken, Schierke, Nordhausen, Eichsfeld, Rügen, Hiddensee, Halle, Zittau/Südliche Oberlausitz.

Bildbände des Verlages über Städte und Landschaften in den neuen Bundesländern: Harz-50 Einblicke, Harz-sagenhaft, Thüringen-sagenhaft, Erzgebirge-sagenhaft, Wernigerode 50 Einblicke, Quedlinburg 50 Einblicke, Fischland/Darß 50 Einblicke, Rügen/Hiddensee 50 Einblicke, Stolberg/Harz 50 Einblicke.

Außerdem sind im Ruth Gerig Verlag erschienen:

I love de Äberlausitz
Ein Mundartbuch der Oberlausitz von Herbert Andert.
Dieses Buch wendet sich an alle Freunde der Oberlausitzer Mundart, vor allem aber an jene, denen die mundartliche Muttersprache noch lebendig in der Kehle sitzt. Der bekannte Oberlausitzer Mundartforscher und Interpret Herbert Andert will mit dem Buch nicht nur unterhalten, sondern auch belehren, ohne die Grenzen der allgemeinen Verständlichkeit zu überschreiten. Die im Buch enthaltenen Mundartproben, Gedichte und Geschichten, wurden vom Autor jahrelang gesammelt. Sie sind auch für landesfremde Besucher der Oberlausitz ein vergnüglicher Lesestoff.

Christian-Henrich Fürst zu Stolberg-Wernigerode
Rußland: Lehrjahre im Lager
Frühjahr 1945. Kriegsende. Irgendwo in der Tschechoslowakei geriet ein 22jähriger Panzer-Leutnant in sowjetische Gefangenschaft. Er besorgte sich falsche Papiere, konnte fliehen, wurde wieder gefaßt. Eine lange Odyssee begann. Als Stalins Geheimdienstleute die wahre Identität des jungen Mannes erkannten, wurde er vor ein Tribunal gestellt. Wegen seiner adligen Herkunft verurteilte man Christian-Henrich Erbprinz zu Stolberg-Wernigerode zu 25 Jahren Zwangsarbeit. Er mußte als Bergmann und als Holzfäller schuften. Als Maurer baute er in Moskau Häuser und bei Stalingrad am Wolga-Don-Kanal. Nach elf Jahren Lagerhaft kehrte der junge Adlige mit einem der letzten Kriegsgefangenentransporte 1956 aus der Sowjetunion zurück. Der authentische Bericht des Fürsten über seine Leidenszeit in Stalins Lagern ist eine brilliante Analyse des kommunistischen Systems. Verachtung für die Machthaber, aber große Sympathie für die russischen Menschen, die ebenso wie er unter dem Regime leiden mußten, kennzeichnen die Erinnerungen von Christian-Henrich Fürst zu Stolberg-Wernigerode.